hänssler

GEMALTER GLAUBE

Caspar David Friedrich und die christliche Symbolik seiner Bilder

NORBERT SCHNABEL

Norbert Schnabel, Jg. 1961, verheiratet, drei Kinder. Nach Abitur und Zivildienst Studium der Germanistik, Philosophie und Kunstgeschichte in Mainz (1981-1987).
1988 Mitarbeit bei der FAZ, von 1988-1993 Redakteur bei der Offensive Junger Christen in Reichelsheim, seit 1994 Redaktionsleiter der Zeitschriften »Christsein heute« und »Senior« im Bundes-Verlag (Witten).

Hänssler – Bildband
Bestell-Nr. 393.522
ISBN 3-7751-3522-7

Internet: www.haenssler.de
E-Mail: info@haenssler.de
Gesamtgestaltung: Vaihinger Satz & Druck
Titelbild: Artothek
Druck und Bindung: Sachsendruck GmbH
Printed in Germany

Inhalt

FÜR SVENJA,
VANESSA UND WIEBKE

Einführung

Caspar David Friedrich gehört nach wie vor zu den bekanntesten deutschen Malern, in seiner Beliebtheit vielleicht nur noch von Albrecht Dürer übertroffen. Er gilt als *der* romantische Landschaftsmaler schlechthin. Seine Gemälde werden Jahr für Jahr in großformatigen Kalendern veröffentlicht oder für Buchumschläge verwendet, und beinah ebenso regelmäßig erscheint neue Literatur zu Friedrichs Leben und Werk. Viele schätzen seine Bilder als melancholisch-ruhige Stimmungslandschaften, mit faszinierenden Sonnenuntergängen, grandiosen Wolkenschauspielen, erhebenden Ausblicken ins Hochgebirge oder auf die Weite des Meeres. Doch heutige Betrachter erkennen weit seltener als Friedrichs Zeitgenossen, dass seine Bilder mehr zeigen als stille Abenddämmerungen, verträumte Mondnächte, vertraute Küsten und die grünen Gefilde der deutschen Heimat. Zu Friedrichs Lebzeiten war man sich bewusst, dass seine Werke mehr sind als Abbilder real erlebter Natur, dass sie keine *»idealen Landschaften«* präsentieren, sondern viele Bilddetails als Symbole zu verstehen sind, und dass sie eine Botschaft enthalten.

Es hat in der kunstgeschichtlichen Forschung immer wieder unterschiedliche Auffassungen darüber gegeben, wie die sinnbildliche oder *»allegorische Landschaft«*, die Friedrichs Kunst kennzeichnet, gemeint ist. In diesem Buch möchte ich zeigen, dass es sich um »religiöse Landschaftsallegorien« handelt, wie sie der maßgebende Friedrich-Spezialist Helmut Börsch-Supan genannt hat. Dabei wird die eingehende Betrachtung des einzelnen Bildes im Vordergrund stehen. Es soll mit seiner manchmal vertrauten, manchmal ungewohnten, weil vom Künstler selbst entwickelten Symbolik in den Blick rücken und gewürdigt werden. (Grundlage dafür sind die im Literaturverzeichnis aufgeführten Arbeiten Helmut Börsch-Supans.) Denn Friedrich hat gemalte Gleichnisse geschaffen, Sinnbilder, deren christliche Aussage geradezu »entschlüsselt« werden muss.[1]

Ideale Landschaft

Eine im Italien des 17. Jahrhunderts entstandene Form der Naturdarstellung: Gezeigt werden harmonische, sommerliche Landschaften des Südens voll Sonne und Licht. Es sind »Idealbilder« einer vollkommenen Natur und Schauplatz ebenso »idealen« menschlichen Daseins. Sind diese Landschaften mit Gestalten der antiken Mythologie und antiker Architektur ausgestattet, nennt man sie »heroisch«. Im frühen 9. Jahrhundert wurden auch dramatisch-bewegte bzw. Hochgebirgslandschaften so bezeichnet. Wird ein friedliches, natürlich-einfaches Leben in ländlicher Abgeschiedenheit geschildert, spricht man auch von idyllischer Landschaft.

Vielen, die seine romantischen Naturdarstellungen bewundern, ist nicht bekannt, dass sich in den allermeisten dieser Bilder vor allem Friedrichs Frömmigkeit ausdrückt. Wie kann auch eine Landschaft ein religiöses Bild sein? Doch, es ist möglich, und wer einmal Zugang zu der besonderen Symbolsprache dieses Malers gefunden hat, erlebt, dass seine Landschaften zu reden beginnen – über die großen Fragen, die sich dem Menschen schon immer gestellt haben, über Tod, Auferstehung und ewiges Leben. Und damit über den christlichen Glauben.

Schriftliche Dokumente aus der Hand Friedrichs belegen, dass wir ihn als einen Maler sehen dürfen, der zutiefst im Protestantismus verwurzelt war. In mehreren seiner Gedichte preist er Gott als Schöpfer oder aber Gottvater und Christus, deren Liebe und Gnade den Menschen zum ewigen Heil führen.

Er ist der Herr der Erde,
Er, der da sprach: Es werde,
Und alles ward.

Er sei gelobt, gepriesen,
Der uns den Weg gewiesen,
So führt zum Heil.

Dem Vater wie dem Sohne
Sei Lob und Preis zum Lohne
Von aller Welt.

Wir fallen hin in Staube,
Voll Zuversicht und Glaube
Auf deine Liebe.

Aus Gnade wirst du geben
Uns das verheißene Leben,
Des wir uns freuen.

Stärk uns zu guten Werken,
Und lass uns täglich merken
Auf deine Lehr'.

Vor Bösem uns behüte,
Dass Sinnenlust nicht wüte
In unserm Blut.

Friedrichs Bilder sind für ihn selbst Hinwendung zu Gott, dem Gebet vergleichbar: »So betet der fromme Mensch und redet kein Wort, und der Höchste vernimmt es; und so malet der fühlende Künstler, und der fühlende Mensch versteht und erkennt es, aber auch der Stumpfere ahnet es wenigstens.« Seine Malerei war nicht auf den Beifall des Publikums aus, sondern war viel eher »einsame Kunst«, die sich an Gleichgesinnte und gleich Empfindende richtete. Ob er mit seinen Bildern auch »missionarisch« wirken wollte, um den Betrachter ebenfalls zu Gott hinzuführen, lässt sich nicht sagen – zumindest liegen darüber keine Äußerungen des Künstlers vor.

Die Kunstinteressierten der damaligen Zeit jedenfalls wussten um den Symbolcharakter dieser Bilder und ihre christliche Botschaft, auch wenn sie diese Art der Landschaftsmalerei nicht unbedingt schätzten, wie z. B. der Malerkollege Ludwig Richter: »Das ist nicht der Ernst, nicht der Charakter, noch der Geist und die Bedeutung der Natur, das ist hineingezwungen. Friedrich fesselt uns an einen abstrakten Gedanken, gebraucht die Naturformen nur allegorisch, als Zeichen und Hieroglyphen, sie sollen das und das bedeuten; in der Natur spricht sich aber jedes Ding für sich aus, ihr Geist und ihre Sprache liegt in jeder Form und Farbe.« Der mit Friedrich befreundete Maler Wilhelm Wegener bemerkte: »Ihm dient die Natur nur als Mittel, als Symbol des Gedankens und der Idee, die er ausdrücken will.« »So versucht er also in Licht und Schatten belebte und erstorbene Natur, Schnee und Wasser und ebenso in die Staffage Allegorie und Symbolik einzuführen«, beschrieb der romantische Dichter Ludwig Tieck das Schaffen Friedrichs treffend.

Im gesamten Werk Friedrichs verweisen wechselnde Zeichen – abgestorbene Bäume und kahle Sträucher, ein gestrandetes Schiff, offene Gräber, Ruinen, Raben, die anbrechende Nacht oder tief verschneite Landschaften – auf die Unentrinnbarkeit des Todes, dem jeder von uns entgegengeht. Seine Bilder wirken deswegen auf den ersten Blick oft gesättigt von Schwermut und Trauer. Aber es sind dennoch Bilder des Trostes und der Hoffnung – gerade angesichts des Unausweichlichen unserer menschlichen Vergänglichkeit. Der Tod war für Friedrich keine allgewaltige, grausig lähmende Macht, sondern Durchgang in das ewige Reich eines liebenden Gottes, in ein ersehntes und geglaubtes Paradies. Der Tod enthält trotz seiner Düsternis immer auch die Verheißung auf ein Danach. Er ist eine Grenze, die wir überqueren, ein Tor, das wir durchschreiten müssen – aber kein Ende. Die christliche Auferstehungshoffnung setzt darauf, dass Gott von denen, die er liebt, auch nach dem Tod nicht ablassen wird. Seine Treue verbürgt, dass Sterben nicht das endgültige Aus bedeutet. Es ist wahr: Mitten im Leben sind wir vom Tod umfangen. Aber für den Christen ist ebenso wahr, dass wir mitten im Tod vom Leben umfangen sind – nämlich von Jesus Christus, dem Garanten unserer Erlösung und des ewigen Lebens.

Friedrichs Sicht des Todes liegt sicherlich ganz nahe bei dem, was Martin Luther einmal über das Sterben gesagt hat: »Wir müssen uns vormalen lassen und ins Herz bilden, wenn man uns unter die Erde scharrt, dass es nicht heißen muss gestorben und verdorben, sondern gesät und gepflanzt und dass wir aufgehen und wachsen sollen in einem neuen, unvergänglichen und ungebrechlichen Leben und Wesen. Wir müssen eine neue Rede und

Sprache lernen, von Tod und Grab zu reden, wenn wir sterben, dass es nicht gestorben heißt, sondern auf den zukünftigen Sommer gesät, und dass der Kirchhof nicht ein Totenhaufe heißt, sondern ein Acker voll Körnlein, nämlich Gottes Körnlein, die jetzt sollen wieder hervorgrünen und wachsen, schöner als ein Mensch begreifen kann.«[2]

Unser begrenztes, im Ganzen gesehen armseliges menschliches Dasein findet erst im Jenseits seine Vollendung – im Reich Gottes, unserer himmlischen Heimat. Das ist der Grundgedanke von Friedrichs Bildern. Alles Irdische ist vorläufig, unser Leben ist ein dunkles, enges Tal und läuft unerbittlich auf den Tod zu. Der Christ jedoch hofft, weil er sich dem anvertraut, für den dieser Abgrund nicht unübersteigbar, die Mauer des Todes nicht letzte Grenze ist: Jesus Christus. Der Sohn Gottes sagt den Seinen zu, dass ihre Zeit in seinen Händen steht, dass ihr Leben und Sterben von seiner Ewigkeit umschlossen sind.

Vermutlich schon früh entstandene Verse von Friedrich drücken aus, was sein Denken und künstlerisches Schaffen lebenslang geprägt hat:

Warum, die Frag' ist oft zu mir ergangen,
Wählst du zum Gegenstand der Malerei
So oft den Tod, Vergänglichkeit und Grab?
Um ewig einst zu leben,
Muss man sich oft dem Tod ergeben.

Malen wird so zur religiösen Meditation, zur Besinnung auf das Wesentliche, zur Vergewisserung des eigenen Glaubens: »Ich meinesteils fordere von einem Kunstwerk Erhebung des Geistes und – wenn nicht allein und ausschließlich – religiösen Aufschwung«, schrieb Friedrich um 1830. Der Gewissheit des Todes steht bei ihm der Trost der christlichen Auferstehungshoffnung und Ewigkeitsverheißung gegenüber. Die gemalte Andacht wird gleichzeitig zur Botschaft für alle, die Augen haben zu sehen.

Um die Enge und Trostlosigkeit unserer menschlichen Existenz und die erwartete Erlösung im Jenseits zu veranschaulichen, hat der Maler oftmals Bilderpaare geschaffen (so genannte »Gegenstücke«), so z. B. den »Mönch am Meer« und die »Abtei im Eichwald« oder die beiden Winterlandschaften in Schwerin und Dortmund. Ähnliche Bedeutung haben die Bilderzyklen mit den unterschiedlichen Tages- bzw. Jahreszeiten oder den verschiedenen Lebensaltern, die in Friedrichs Werk immer wieder auftauchen. Diese Gedankenwelt wird in Friedrichs Gemälden nicht wie bis dahin üblich durch allegorische Figuren oder biblische Szenen verbildlicht, sondern durch die Darstellung von Natur. Das ist das eminent Neue seiner Kunst, mit der er sich auch deutlich von der Malerei der Nazarener absetzt.

Zu Beginn des 19. Jahrhunderts hatten sich in Wien einige Maler zu einer Künstlergemeinschaft, dem »Lukasbund«, zusammengeschlossen. 1810 waren sie nach Rom übergesiedelt und dort teilweise zum Katholizismus konvertiert. Ihr Ziel war es, an die christliche Kunst des Mittelalters anzuknüpfen. Wegen ihrer Frömmigkeit und ihres besonderen Sendungsbewusstseins wurden sie »Nazarener« genannt.
Sie orientierten sich in ihrer Malerei an den Renaissancekünstlern Raffael und Dürer, in denen sie die Kunst des Mittelalters vollendet sahen.
Die Nazarener lehnten die vorhergehende Epoche des Barock und Rokoko als »Zeit des Verfalls«, der Verweltlichung und gottvergessenen Sinnenlust ab, ebenso aber auch den »heidnischen« Klassizismus. Ihr Malstil ist gekennzeichnet durch klare Komposition, strenge Schönlinigkeit und harmonische, leuchtende Farben, die lasurartig in flächiger Glätte aufgetragen werden.

In Friedrichs Bildern sind sehr häufig zwei Bildzonen deutlich voneinander getrennt, zumeist ein begrenzter, verschatteter Vorder- und ein heller Hintergrund. Sie stehen für einen Gegensatz oder auch für eine zeitliche Entwicklung: für das Jetzt und das Zukünftige, für das Zeitliche und die Ewigkeit, für Diesseits und Jenseits. Die unterschiedlichen Schichten des Bildraums sind oft getrennt durch Türen oder Tore, die beide Sphären quasi als Durchgang verbinden. Das wird an vielen der in diesem Buch abgebildeten Gemälde erkennbar sein.

Auch andere immer wiederkehrende Gestaltungselemente wie z. B. die symmetrische Anordnung der Bildgegenstände dienen Friedrich dazu, religiöse Gedanken auszudrücken: Durch sie werden feierliche Ruhe, Dauer und Ewigkeit spürbar. Als Beispiele seien hier die »Abtei im Eichwald« (Berlin, Nationalgalerie, 1809/10), »Das Kreuz im Walde« (Stuttgart, Staatsgalerie, 1812) und die »Zwei Männer am Meer bei Mondaufgang« (Berlin, Nationalgalerie, um 1817) genannt. Am letztgenannten Gemälde lässt sich auch Friedrichs Vorliebe für die Rückenfigur ablesen, die einsetzt, nachdem er 1807 in Öl zu malen begonnen hat. Ihr kommt eine besondere Bedeutung in seiner Bildwelt zu. Immer sind diese Figuren Teil des Bildvordergrundes und in völliger Ruhe dargestellt, ganz im Schauen versunken, andächtig staunend, ja »demütig ergriffen« (Helmut Börsch-Supan). Friedrich lädt den Betrachter auf diese Weise ein, die Landschaft mit den Au-

Friedrich war ein eher unbeholfener und unsicherer Figurenzeichner. Das bezeugen seine frühen Figurenstudien. Es ist belegt, dass der Freund Georg Friedrich Kersting die beiden kleinformatigen Gestalten in das Gemälde »Morgen im Riesengebirge« von 1810/11 hineingemalt hat. Man vermutet, dass Kersting eine ganze Reihe von Figuren in umrisshaften Zeichnungen für Friedrich anfertigte, die dieser dann kopiert und für andere Bilder verwendet hat. Daher kommt es, dass sich viele Figuren in Friedrichs Gemälden auffällig ähnlich sind.

gen der gemalten Figur zu sehen – und nimmt ihn so mit hinein in das Bild.

In unserer zunehmend säkularisierten Gesellschaft ist vielen die Bedeutung selbst der bekanntesten christlichen Symbole wie Kreuz, Anker oder Regenbogen kaum noch geläufig. Wie viel weniger wird heute Friedrichs Natursymbolik mit ihrem religiösen Sinngehalt – seien es unzugängliche Gebirgsregionen und majestätische Gipfel, ewiges Eis, sich lichtender Nebel, aufkeimendes Grün in winterlicher Landschaft, Felsen und Fichten, der Mond am Abendhimmel oder der Morgenstern – vom unkundigen Betrachter verstanden! Nur wer sich die Mühe macht, in diese »geheime Sprache« einzutauchen, dem erschließt sich die Tiefendimension von Friedrichs Bildern: Sie sprechen von der Gegenwart Gottes. Der Schöpfer offenbart sich dem Sehenden in der Schöpfung.

Biografie 1774–1840

1774–1807 Caspar David Friedrich wurde am 5. September 1774 in der kleinen, damals schwedischen Universitäts- und Hafenstadt Greifswald geboren. Der Vater verdiente den Lebensunterhalt als Seifensieder und Lichtgießer, er und die Mutter stammten aus Neubrandenburg. Caspar David war das sechste von zehn Kindern. Schon früh wurde seine Kindheit durch eine Folge von Todesfällen erschüttert: Die Mutter starb, als er sieben Jahre alt war, die Schwester Elisabeth ein Jahr darauf. Und mit 13 musste er erleben, wie der um ein Jahr jüngere Bruder Christoph vor seinen Augen beim Eislaufen ertrank – nachdem dieser ihn gerade vor dem gleichen Geschick gerettet hatte. 1791 starb die Schwester Maria.

Um 1790 begann der Universitätszeichenlehrer Johann Gottfried Quistorp, Friedrich zu unterrichten. Von 1794 bis 1798 studierte Friedrich an der Kopenhagener Kunstakademie, die damals einen ausgezeichneten Ruf genoss und als sehr fortschrittlich galt. Im Herbst 1798 siedelte er nach Dresden über, wo er bis zu seinem Lebensende ansässig blieb. Dort bildete er sich autodidaktisch weiter und nutzte die vielfältigen Anregungen der Natur um Dresden: Er hielt Einzelheiten der Landschaft wie Bäume, Felsen, Pflanzen oder Gebäude fest und setzte sie zu Kompositionen zusammen, vor allem in Radierungen.

1801/02 hielt er sich zunächst in Neubrandenburg und dann in Greifswald auf.

Zweimal besuchte er in dieser Zeit die Insel Rügen mit ihren abwechslungsreichen Naturszenerien. Dort fand Friedrich einige seiner später immer wiederkehrenden Motive: Küstenansichten, Meeresblicke, aus- und einlaufende Schiffe. Er zeichnete auf der Insel sehr intensiv und schuf sich die Grundlagen für Aquarelle und Sepia-Blätter, die ihm erste Anerkennung und Verkaufserfolge brachten.

In Greifswald traf Friedrich mit Philipp Otto Runge (1777–1810) zusammen, der ebenfalls die Kopenhagener Akademie besucht hatte (von 1799 bis 1801). Runge ist neben Friedrich der bedeutendste deutsche Maler der Romantik. Auch er war in Pommern geboren und Protestant. Von 1801 bis 1804 hielt er sich in Dresden auf. Beide Künstler lebten also drei Jahre in der gleichen Stadt; sie kannten einander gut, waren aber nicht näher miteinander befreundet. Nahezu zeitgleich entwickelten sie ihre allegorische bzw., wie Runge es nannte, »hieroglyphische« Bildgestalt: Runge als Ornament- und Figurenmaler, Friedrich in der Landschaft.

Bei der Sepia-Zeichnung wird mit einem Farbstoff gearbeitet, der aus dem dunkelbraunen bis schwarzen Pigment des Tintenfisches gewonnen wird. Durch Verdünnung mit Wasser oder Gummiarabicum oder Vermischung mit anderen Farben kann eine feine Farbnuancierung erreicht werden. Während seines ganzen künstlerischen Schaffens hat Friedrich gern auf diese Technik zurückgegriffen. In den letzten Jahren seines Lebens gab er sogar der Sepia-Zeichnung wieder den Vorzug vor der Ölmalerei.

Besonders hervorzuheben ist der Erfolg, den Friedrich 1805 bei einem Kunstwettbewerb errang: Er hatte zwei Sepia-Blätter zur jährlichen Ausstellung der Weimarer Kunstfreunde gesandt, und obwohl sie das gestellte Thema außer Acht ließen, wurden sie von keinem Geringeren als Goethe mit einem Preis ausgezeichnet.

1807–1812 Erst um 1807, als Friedrich bereits 33 Jahre alt war, wagte er den Übergang von der Sepia-Technik zur Ölmalerei, die er schon bald souverän handhabte. Friedrichs erstes Hauptwerk in der neuen Technik war »Das Kreuz im Gebirge« (Dresden, Gemäldegalerie), das er dem schwedischen König Gustav Adolf IV. widmen wollte. Pommern gehörte bis 1815 zu Schweden. Gustav Adolf IV. war ein erbitterter Gegner Napoleons, was ihn 1809 seinen Thron kostete. Als Untertan des schwedischen Königs beabsichtigte Friedrich offenbar, dem Herrscher mit diesem Geschenk seine Sympathie und Bewunderung auszudrücken und ihn auf das Zentrum der lutherischen Glaubenszuversicht hinzuweisen. 1808 wurde das ausgeführte Gemälde dann jedoch vom Grafen Anton von Thun-Hohenstein gekauft. Seine Gemahlin hatte eine Sepia-Zeichnung von Friedrich mit gleichem Motiv – ein Kreuz auf einer Felsenspitze, umgeben von Tannen vor einem Abendhimmel – im März 1807 in der Dresdener Akademieausstellung gesehen und sich dafür begeistert.

»Das Kreuz im Gebirge« ist auch als »Tetschener Altar« bekannt. Der Künstler wollte das Bild zunächst nicht hergeben, willigte später jedoch in den Verkauf. Offenbar hatte man ihm gesagt, das Gemälde solle als Altarbild die Kapelle von Schloss Tetschen (Böhmen) schmücken. Mittlerweile ist nachgewiesen, dass Friedrichs Bild nie in der Tetschener Schlosskapelle aufgestellt wurde. Es bekam vielmehr seinen Platz im Schlafgemach der gräflichen Familie.

»Das Kreuz im Gebirge« machte Friedrich mit einem Schlag berühmt. Zu Weihnachten 1808 stellte der Maler es einige Tage in seinem Dresdener Atelier aus, bevor es nach Tetschen geschickt wurde. In der Kunstkritik löste das Gemälde eine ungewöhnlich heftige Kontroverse aus. Sein schärfster Kritiker war der Kammerherr Wilhelm Basilius von Ramdohr (1757–1822), der sehr hellsichtig das Neuartige an Friedrichs Kunst erkannte – und heftig zurückwies. Er verteidigte vehement die klassische Landschaftsmalerei mit ihren »heroischen« bzw. »idyllischen« Naturdarstellungen und lehnte es entschieden ab, so wie Friedrich »die Landschaft zur Allegorisierung einer bestimmten religiösen Idee oder auch nur zur Erweckung der Andacht zu gebrauchen«. Dass ein Landschaftsgemälde als Altarbild dienen sollte, war in der vorhergehenden Kunstgeschichte ohne Vorbild. Auch hieran entzündete sich die scharfe Kritik des Kunstkenners von Ramdohr: »In der Tat, es ist eine wahre Anmaßung, wenn die Landschaftsmalerei sich in die Kirche schleichen und auf die Altäre kriechen will.« Eine Landschaft als Andachtsbild erschien ihm undenkbar.

Die Kunst-Fehde erregte 1809 durch die öffentliche Diskussion ein Aufsehen, das der stille Künstler kaum beabsichtigt haben dürfte. Die Auseinandersetzung um »Das Kreuz im Gebirge« ist als »Ramdohr-Streit« in die Kunstgeschichte eingegangen. Friedrichs eigene Deutung des »Tetschener Altar« ist das wichtigste Dokument für seine religiöse Einstellung. Sie zeigt, dass er fest an Christus als den Sohn Gottes und den Heiland der Menschen glaubte (vgl. S. 21). Weitere Belege für Friedrichs christliche Überzeugung sind seine religiösen Gedichte, einige seiner Aphorismen und manche kunstkritischen Äußerungen, die in diesem Buch an verschiedenen Stellen zitiert werden. Sie sind im Ton einer fast kindlichen Frömmigkeit gehalten und dokumentieren, dass die protestantische Lehre ein Leben lang die Grundlage seines künstlerischen Schaffens bildete.

Bereits 1810 erzielte Friedrich dann mit zwei monumentalen Werken auf der Berliner Akademieausstellung allerhöchste Anerkennung. Das Bilderpaar »Mönch am Meer« und »Abtei im Eichwald« (beide Berlin, Nationalgalerie) beeindruckte die königliche Familie so tief, dass beide Gemälde auf Anregung des damals fünfzehnjährigen Kronprinzen – der spätere König Friedrich Wilhelm IV. – erworben wurden. Im Jahr darauf wurde Friedrich von der Berliner Akademie zum auswärtigen Mitglied ernannt – der Maler hatte damit den Höhepunkt seines öffentlichen Erfolges und frühen Ruhms erreicht. Auch der Weimarer Hof erwarb unter Mitwirkung Goethes 1810 fünf Bilder von Friedrich, und 1812 kaufte König Friedrich Wilhelm III. abermals zwei Werke, die der Künstler in Berlin ausgestellt hatte.

1812–1820 Zwischen 1812 und 1814 entstanden Friedrichs »patriotische« Bilder, die sich gegen die Franzosenherrschaft richten bzw. auf die Befreiungskriege gegen Napoleon beziehen (1813–1814) und damit das nationale Schicksal Deutschlands thematisieren. Es handelt sich um »Der Chasseur im Walde« (Privatbesitz), »Grabmale alter Helden« (Hamburg, Kunsthalle) und »Höhle mit Grabmal« (Bremen, Kunsthalle). In diesen Gemälden mit vaterländischen Motiven wendete Friedrich seine christliche Bildsymbolik ins Politische – und fand damit starke Beachtung. Die »Patriotische Kunstausstellung« von 1814, die zur Feier der Befreiung Dresdens von den Franzosen veranstaltet wurde, brachte nochmals hohes Lob. 1816 war Friedrich wiederum auf der Berliner Akademieausstellung vertreten. Zwei Bilder wurden gezeigt, die erneut der preußische König Friedrich Wilhelm III. erwarb: Er kaufte sie als Geburtstagsgeschenk für den Kronprinzen. Endlich wurde dem Maler die Mitgliedschaft der Dresdener Akademie angetragen – eine längst fällige Auszeichnung. Es bedeutete für ihn, zum ersten Mal über laufende Bezüge von 150 Talern jährlich verfügen zu können. Ein Lehramt an der Kunstakademie erhielt er allerdings nicht.

Damals lehnte Friedrich eine Einladung zu einer Reise nach Italien ab, und so hat er weder die Landschaften des Südens noch die Alpen mit eigenen Augen gesehen. Wenn er Bilder mit Bergen schuf, wie z. B. den »Watzmann« (Berlin, Nationalgalerie, 1824/25), so waren diese vom Riesengebirge oder vom Harz inspiriert, die er 1810/11 durchwandert hatte. Was an zerklüfteter Gipfelnatur über diese Vorbilder hinausging, entsprang seinen Fantasievorstellungen bzw. stützte sich auf Stichansichten anderer Künstler. Im Gegensatz zu seinen Malerkollegen des beginnenden 19. Jahrhunderts wandte sich Friedrich ausschließlich der deutschen Landschaft und mit Vorliebe seiner norddeutschen Heimat zu (den »Junotempel von Agrigent« im Dortmunder Museum für Kunst und Kulturgeschichte einmal ausgenommen).

Das Jahr 1818 brachte eine Wende im Leben Friedrichs: Zum Erstaunen seiner Freunde und Bekannten heiratete der 44-Jährige am 21. Januar die 19 Jahre jüngere Caroline Bommer. Solch einen Entschluss hatte man dem »menschenscheuen Melancholiker« nicht zugetraut. Erst das regelmäßige, gesicherte Einkommen erlaubte wohl die Gründung eines Hausstandes. Drei Kinder wurden dieser Ehe geboren, zwei Töchter, Emma Johanna und Agnes Adelheid, und ein Sohn, Gustav Adolf, später ein erfolgreicher Tiermaler. Im Sommer 1818 unternahm das junge Paar seine Hochzeitsreise in Friedrichs heimatliche Umgebung. Es besuchte dabei auch die Insel Rügen – wenig später entstanden die berühmten »Kreidefelsen auf Rügen« (Winterthur,

»Es ist doch ein schnurrig Ding, wenn man eine Frau hat; schnurrig ist es, wenn man eine Wirtschaft hat, sei sie noch so klein; schnurrig ist mir's, wenn meine Frau mich mittags zu Tisch zu kommen einladet. Und endlich ist es schnurrig, wenn ich jetzt des Abends fein zu Hause bleibe und nicht wie sonst im Freien umherlaufe. Auch ist es mir gar schnurrig, dass alles, was ich jetzt unternehme, immer mit Rücksicht auf meine Frau geschieht und geschehen muss. Schlage ich nur einen Nagel in die Wand, so darf er nicht so hoch sein, als ich langen kann, sondern nur so hoch, als meine Frau mit Bequemlichkeit langen kann. Kurz, seit sich das Ich in Wir verwandelt, ist gar manches anders geworden. Es wird mehr gegessen, mehr getrunken, mehr geschlafen, mehr gelacht, mehr geschäkert, mehr gelepscht. Auch mehr Geld ausgegeben, und vielleicht werden wir auch künftig an Sorgen keinen Mangel haben; doch wie es Gott gefällt, der Wille des Herrn geschehe. Vieles und mancherlei hat sich geändert, seit ich eine Frau habe. Meine alte und einfache häusliche Einrichtung ist in manchem nicht mehr zu erkennen, und es ist mir lieb, dass es jetzt sauberer und netter bei mir aussieht. Nur in dem Raum, so ich zu meiner Beschäftigung gebrauche, bleibt alles beim Alten.«

Caspar David Friedrich
in einem Brief an seine Verwandten
vom 28. Januar 1818

Stiftung Oskar Reinhart). Friedrich hat sich und seine Frau Caroline nicht nur auf diesem Bild, sondern auch auf dem Gemälde »Auf dem Segler« (St. Petersburg, Eremitage, 1818/19) dargestellt. Nach der Hochzeit tauchen in seinen Bildern nun öfter weibliche Rückenfiguren auf, so z. B. in der »Frau vor der untergehenden Sonne« (Essen, Museum Folkwang, um 1818) oder in der »Frau am Fenster« (Berlin, Nationalgalerie, 1822). Der Mensch beginnt in Friedrichs Werken eine größere Rolle zu spielen – schon allein durch den Maßstab der Figuren, aber auch dadurch, dass neben der einzelnen, in der Größe gesteigerten Rückenfigur jetzt auch häufiger Paare und Freundesgruppen auftreten, wie z. B. in der 1995 wieder entdeckten »Gartenlaube« (München, Neue Pinakothek, um 1818) oder dem bekannten Gemälde »Zwei Männer in Betrachtung des Mondes« (Dresden, Gemäldegalerie, 1819). In den Jahren zuvor hatte Friedrich die Figuren im Bild sehr klein dimensioniert, um die Natur, die sie anschauen, umso mächtiger und erhabener wirken zu lassen – man denke nur an den »Mönch am Meer«.

An seinem zurückgezogenen und einsamen Leben änderte die Ehegemeinschaft mit Caroline allerdings nichts. Ungefähr in die Zeit der Eheschließung fällt auch die Bekanntschaft und Freundschaft mit dem Arzt und Naturforscher Carl Gustav Carus und dem norwegischen Maler Johann Christian Clausen Dahl. Besonders Carus konnte als Malerdilettant viel von Friedrich lernen. Dahl zog sogar 1823 in das Dresdener Haus ein, in dem Friedrich mit seiner Familie seit 1820 lebte.

1820–1830 Die zwanziger Jahre waren die produktivsten in Friedrichs Schaffen. Doch das Interesse von Publikum und Kritik wandte sich nun mehr und mehr von Friedrich ab, dessen Werke man jetzt als »monoton«, schwermütig und in Wiederholungen befangen empfand – und zu übergehen begann. Ende 1825 erkrankte Friedrich schwer. Anschließend reiste er im Sommer 1826 zur Erholung nach Rügen. Wenn die um 1830 verfassten »Äußerungen bei Betrachtung einer Sammlung von Gemälden« an manchen Stellen durch einen schroffen und sarkastischen Ton gefärbt sind, so ist dies nicht zuletzt der zunehmenden Vereinsamung des Künstlers zuzuschreiben, der sich mehr und mehr missverstanden fühlte. Auch mag sein sich ständig verschlechternder Gesundheitszustand zu einer wachsenden Resignation und Verdüsterung seines Gemütes beigetragen haben. Auf jeden Fall bilden diese »Äußerungen« die wichtigste Quelle zur Kunsttheorie Friedrichs.

Hatte in früheren Jahren der Adel zu Friedrichs Kundschaft gehört, mehrmals auch die Höfe von Preußen und Weimar, so zählte in dieser Lebensphase überwiegend das gebildete Bürgertum zu seinen Käufern. Doch auch der russische Großfürst Nikolaus fand sich in Friedrichs Atelier ein und erwarb nach 1825 als Zar Nikolaus I. wiederholt Bilder von ihm.

1830–1840 In der ersten Hälfte der dreißiger Jahre blühte Friedrichs Schaffenskraft noch einmal erstaunlich auf. Es entstanden Ölgemälde, mit denen er ganz neue Höhepunkte seiner Kunst erreichte. Besonders die nuancenreichen farbigen Erscheinungen in der Abenddämmerung beobachtete er sehr genau und gab sie in so großartigen Bildern wie »Das große Gehege« (Dresden, Gemäldegalerie) oder »Die Lebensstufen« (Leipzig, Museum der bildenden Künste) wieder. Am 26. Juni 1835 erlitt Friedrich einen Schlaganfall, der Lähmungen an Armen und Beinen verursachte. Eine Anzahl Gemälde, die er vorher begonnen hatte, blieben unvollendet in seinem Atelier stehen. Einige Ölbilder können aufgrund einer unsicheren Pinselführung in die Zeit nach 1835 datiert werden.

Friedrich fertigte in seinen letzten Lebensjahren hauptsächlich Aquarelle und Sepia-Zeichnungen an – auch sie verweisen sehr eindringlich auf die Vergänglichkeit des Menschen und belegen die Auferstehungshoffnung des Malers. An diesen Blättern lässt sich nicht nur ablesen, dass er seine Hand nicht mehr wie früher führen konnte, sondern mehr und mehr auch die Erwartung des eigenen Todes. Friedrich geriet in finanzielle Bedrängnis. Zunächst veräußerte er, was sich noch im Atelier befand, vor allem an den russischen Hof. In den letzten Lebensjahren waren es allein die Ankäufe des Zaren, die verhinderten, dass Friedrich mit seiner Familie in die bitterste Armut abrutschte. 1837 lähmte ihn ein zweiter Schlaganfall fast vollständig. Es folgten drei Jahre der Umnachtung und des Siechtums. Am 7. Mai 1840 starb Caspar David Friedrich im Alter von 66 Jahren in Dresden. Zu diesem Zeitpunkt war seine Kunst schon fast vergessen, sein Tod blieb weitgehend unbeachtet. Mehr als ein halbes Jahrhundert sollte vergehen, bevor eine breite Öffentlichkeit den wahren Rang seiner Malerei allmählich zu erkennen begann.

Friedrichs Arbeitsweise

Der Freund Carl Gustav Carus hat Friedrichs Arbeitsweise folgendermaßen beschrieben: »Er fing das Bild nicht an, bis es lebendig vor seiner Seele stand, dann zeichnete er auf die reinlich aufgespannte Leinwand erst flüchtig mit Kreide und Bleistift, dann sauber und vollständig mit der Rohrfeder und Tusche das Ganze auf und schritt hierauf bald zur Untermalung. Seine Bilder sahen daher in jeder Stufe ihrer Entstehung stets bestimmt und geordnet aus und gaben immer den Abdruck seiner Eigentümlichkeit und der Stimmung, in welcher sie ihm zuerst innerlich erschienen waren.«

Es liegen mehrere Skizzenbücher Friedrichs vor, die belegen, dass er ein äußerst genauer Naturbeobachter war. Die auf seinen Reisen und Wanderungen angefertigten Studien gab er exakt in seinen Bildern wieder – und verband sie zu neuen und überraschenden Kompositionen. Friedrich benutzte also sein Skizzenbuch als Reservoir, dem er beliebige Einzelmotive entnahm. So wurden oft in einem Bild Gegenstände wie Pflanzen, Äste, Bäume, Felsen, Berge oder Wolken, die er an weit auseinander liegenden Orten und zu ganz verschiedenen Zeiten gezeichnet hatte, vereint. In einer solchen »zusammengesetzten« Landschaft konnte zum Beispiel die Ruine von Eldena bei Greifswald in das Riesengebirge versetzt werden.

Friedrichs Studien und Skizzen tragen alle das Datum des Tages, an dem sie entstanden sind – bei allen seinen Gemälden und großformatigen Sepien fehlt jedoch die Datierung, und keines der Bilder Friedrichs trägt eine Signatur. Seine Werke zeitlich einzuordnen, ist daher entweder nur aufgrund von zeitgenössischen schriftlichen Quellen möglich oder durch den Vergleich von stilistischen bzw. maltechnischen Merkmalen.

Das Kreuz im Gebirge, 1807/08

»So betet der fromme Mensch und redet kein Wort, und der Höchste vernimmt ihn; und so *malet* der fühlende Künstler, und der fühlende Mensch versteht und erkennt es, aber auch der Stumpfere ahnet es wenigstens.«

Caspar David Friedrich

»Das Kreuz im Gebirge« gehört zu den ersten Bildern, die Caspar David Friedrich in Öl ausgeführt hat. Es ist bis heute sein wohl bekanntestes Gemälde und ein Schlüsselwerk für die christliche Landschaftsmalerei dieses Künstlers. Seine schriftlichen Ausführungen zu dem auch »Tetschener Altar« genannten Bild sind die einzige wirkliche Interpretation eines eigenen Gemäldes und für das Verständnis seiner Kunst von großer Bedeutung:

»Wohl ist es beabsichtigt, das Jesus Christus, ans Holz geheftet, hier der sinkenden Sonne zugekehrt ist, als das Bild des ewigen allbelebenden Vaters. Es starb mit Jesu Lehre eine alte Welt, die Zeit, wo Gott der Vater unmittelbar wandelte auf Erden; wo er sprach zu Cain: Warum ergrimmest du, und warum verstellen sich deine Gebärden? Wo er unter Donner und Blitz die Gesetzestafeln gab; wo er sprach zu Abrahm: Zeuch deine Schuhe aus, denn es ist heilig Land, wo auf du stehest! Diese Sonne sank, und die Erde vermochte nicht mehr zu fassen das scheidende Licht. Da leuchtet, vom reinsten edelsten Metall, der Heiland am Kreuz, im Golde des Abendroths, und wiederstrahlet so im gemilderten Glanz auf Erden. Auf einem Felsen steht aufgerichtet das Kreuz, unerschütterlich fest, wie unser Glaube an Jesum Christum. Immergrün durch alle Zeiten während stehen die Tannen ums Kreuz, gleich unserer Hoffnung auf ihn, den Gekreuzigten.«[3]

Friedrich gibt in seinem Bild keinen Natureindruck wider, sondern eine »komponierte« Landschaft, die so in der Realität nicht vorkommt. Vor uns reckt sich ein Berg auf, der wie ein unüberschreitbares Hindernis wirkt. Kein Blick dringt auf die andere Seite. Felsen, Erdreich, Fichtenzweige, Tannenschößlinge – das alles ist detailgetreu dargestellt. Daran können wir uns halten. Hier ist unser Bereich, hier unsere Grenze. Die Welt dahinter bleibt unserem leiblichen Auge ver-

2197 D

schlossen. Aber von dort drüben kommt das Licht: Die Sonne sendet ihre Strahlen wie die fünf Finger einer Hand in den Himmel. Auf dem Gipfel hängt an einem Holzkreuz ein bronzenes Kruzifix.

Wie an der Scheide von Altem und Neuem Testament steht das Kreuz auf der Spitze des Berges, dessen eine Seite der untergehenden Sonne zugekehrt ist. Sie versinnbildlicht die der Vergangenheit angehörende Welt des alten Bundes. Der Gekreuzigte reflektiert ihren Schein und wirft ihn auf die dunkle Erde. Christus wird von Friedrich als das Bindeglied zwischen den beiden Epochen der Heilsgeschichte ins Bild gesetzt, als der große »Mittler« (Hebräer 9, 15) zwischen dem Licht des Vaters und der Finsternis unseres Diesseits. Mit den Tannen sind die Gläubigen gemeint, die auf ihn vertrauen. Ihnen verkündet der Gottessohn das Heil, das auf sie wartet.

Der Maler hat auch den Rahmen seines Bildes entworfen. Er unterstützt und verstärkt die Aussage des Gemäldes. Das Dreieck als Symbol der Dreieinigkeit mit dem allsehenden Auge Gottes und dem Strahlenkranz steht in Beziehung zu dem Felsgipfel und den Strahlen der untergehenden Sonne. Die Wolken nehmen die Form der Palmzweige auf, die ein Symbol des Friedens und der Versöhnung sind. Zum Abendhimmel gehört der versilberte Abendstern, der zugleich der Morgenstern ist und als solcher an die Auferstehung erinnert. Das Gold des übrigen Rahmens antwortet dem gemalten Gold des Kruzifixes. Die fünf Engelsköpfe entsprechen den fünf Strahlen der Sonne. Ähren und Weintrauben sind Abendmahlssymbole – sie verweisen darauf, dass Friedrichs Bild als Altargemälde für eine Privatkapelle gedacht war.

Öl auf Leinwand, 115 x 110,5 cm; Dresden, Gemäldegalerie

Mönch am Meer, 1808/10

»Das ewige Schweigen dieser unendlichen Räume macht mich schaudern.«

Blaise Pascal

Dem »Kreuz im Gebirge« folgte bald ein zweites Hauptwerk, wahrscheinlich im gleichen Jahr begonnen: der »Mönch am Meer«. Über einem schmalen, sandigen Küstenstreifen mit der einsamen Gestalt eines Mönches breitet sich, vier Fünftel der Bildhöhe einnehmend, eine zerfetzte, oben ins Blau sich öffnende Wolkenwand aus. Die gerade, ungewöhnlich tief liegende Horizontlinie wird durch nichts unterbrochen, nur einige Möwen umflattern den Einsiedler, der gedankenversunken seinen Kopf in die Hand stützt.

Während der Arbeit an diesem Gemälde – Friedrichs bis dahin größtes – hat der Maler die dargestellten Gegenstände immer mehr reduziert und so die Bildaussage immer weiter radikalisiert: Am Himmel verschwinden der Mond und der Morgenstern, auf dem Meer werden zwei Segelschiffe übermalt. Als das Bild 1810 auf der Berliner Akademieausstellung gezeigt wurde, hat der Dichter Heinrich von Kleist die Kühnheit des Bildes erkannt und in den Berliner Abendblättern vom 13. Oktober 1810 kongenial beschrieben: »Nichts kann trauriger und unbehaglicher sein, als diese Stellung in der Welt: der einzige Lebensfunke im weiten Reiche des Todes, der einsame Mittelpunkt im einsamen Kreis. Das Bild liegt mit diesen zwei, drei Gegenständen wie die Apokalypse da (...), und da es, in seiner Einförmigkeit und Uferlosigkeit, nichts als den Rahmen zum Vordergrund hat, so ist es, als ob einem die Augenlider weggeschnitten wären.«

Ohne Mond und Boote ist nichts mehr geblieben, das die Gedanken des einsamen Mönchs am Ufer ablenken könnte von der Unendlichkeit, die ihn umgibt und der er ohnmächtig ausgeliefert ist. Es ist diese winzige Figur – die einzige Andeutung einer Vertikalen –, die uns geradewegs in Friedrichs Bild hineinzieht. Durch sie und mit ihr sind wir mit der Landschaft konfrontiert, erfassen wir die gewaltigen Größenverhältnisse der Natur, spüren wir, wie klein und wehrlos, wie verlassen der Mensch in der unfassbaren Weite des Universums ist.

Der schmale Streifen Strand, auf dem der Mönch sich aufhält, schrumpft geradezu zum Nichts zusammen, wenn man ihn mit der verzehrenden Größe des Himmelsraumes vergleicht. Denn dieses Bild endet nicht mit dem Rahmen. Strand, Meer, Horizontlinie gehen zu beiden Seiten endlos weiter, und auch die Wand des Himmels wächst noch höher hinauf – wie hoch? So findet sich der Mensch im Kosmos vor: allein und verloren, ausgesetzt und gefangen auf einer Erdenwüste, dem Tode preisgegeben – ein beklemmendes Erleben, das Friedrich hier meisterhaft gestaltet.

Noch heute kann das Bild die existenzielle Erschütterung auslösen, die Kleist angesichts dieses Bildes empfunden hat. Auch wir fühlen das Schmerzliche der Situation: Der grenzenlosen Weite dieses Raumes ausgesetzt, wird der Mensch sich seiner Nichtigkeit bewusst; ein vergängliches, bedeutungsloses Wesen, steht er den unbegreiflichen, bedrohlichen Ausmaßen eines Kosmos gegenüber, der auf seine Fragen nur mit einem ewigen, eisigen Schweigen zu antworten scheint. Von der bergenden Sicherheit des Glaubens ist hier keine einzige Spur zu erkennen.

Und doch bleibt es nicht das letzte Wort. Denn zusammen mit dem »Mönch am Meer« hat Friedrich 1810 ein Gegenstück auf die Akademieausstellung eingereicht: die »Abtei im Eichwald«, quasi die »Fortsetzung« des großartigen, aber auch so bedrückenden Meerbildes.

Öl auf Leinwand, 110 x 171,5 cm; Berlin, Nationalgalerie

Abtei im Eichwald, 1809/10

»Und leis' und langsam durch des Kirchtors Gittern,
Still wie das Wandern nächtlicher Gespenster
Ein Leichenzug mit Geisterschritten zieht.

Und plötzlich hör' ich süße Harmonieen,
Wo Gottes Wort, in Töne ausgegossen,
Und Licht, als wie dem Cruzifix entsprossen,
Und meines Sternes Schimmer seh' ich glühen;

Da wird mir's klar in jenen Melodieen;
Der Quell der Gnade ist in Tod geflossen,
Und jene sind der Seligkeit Genossen,
Die durch das Grab zum ew'gen Lichte ziehen.«

aus »Friedrichs Totenlandschaft«
von Theodor Körner

In den Jahrzehnten nach Friedrichs Tod wurde die »Abtei im Eichwald« immer wieder als Hauptwerk des Malers bezeichnet. Wenn man Friedrich in der zweiten Hälfte des 19. Jahrhunderts überhaupt noch kannte, dann weitgehend aufgrund dieses Bildes. Der Künstler hatte es zusammen mit dem »Mönch am Meer« Ende September 1810 verspätet auf die Berliner Akademieausstellung geschickt, wo die beiden Gemälde übereinander gehängt waren: oben der »Mönch«, unten die »Abtei«. Das Bilderpaar erregte in der Ausstellung großes Aufsehen und wurde von König Friedrich Wilhelm III. erworben.

Sechs Mönche tragen einen Sarg durch das Portal einer gotischen Kirchenruine, in dem ein von zwei Lichtern flankiertes Kruzifix angebracht ist. Es handelt sich um eine Ansicht der Klosterruine Eldena bei Greifswald. Hinter ihnen folgen weitere acht Mönche in Zweiergruppen, der Zug bewegt sich an einem offenen Grab vorbei auf dieses Kruzifix zu. Eine feierliche Symmetrie bestimmt den Bildaufbau, trotz des bizarren Astwerks der kahlen Eichen. Diese bilden mit der Architektur eine Art Schranke, die den Vordergrund geradezu abschließt. Dahinter steigt eine geheimnisvolle, graubraune Nebelwand auf; am darüber liegenden Himmel, vom Abendglanz erleuchtet, ist ein zunehmender Mond sichtbar.

Auch in diesem Meisterwerk hat Friedrich zwei Bildschichten streng voneinander getrennt. Der Vordergrund erweist sich als einheitlich düstere

Grenzzone der Vergänglichkeit und des Todes: eine düstere, frostige Winterlandschaft, der einen Friedhof mit Grabsteinen und -kreuzen, abgestorbenen Sträuchern und verkrüppelten Bäumen zeigt. Auch der Kirchbau als Menschenwerk hat letztlich keinen Bestand. Die Eichen (sie erscheinen in Friedrichs Bildern oft in Verbindung mit Hünengräbern, so z. B. im Schweriner »Hünengrab im Schnee«) sind Sinnbilder einer heidnischen Götterwelt und Lebensauffassung, die angesichts des Todes in Verzweiflung erstarrt. Für sie bedeutet Sterben das unüberwindbare, schreckliche Ende des todverfallenen Menschen.

Gegen die gespenstische Unruhe der Eichen mit ihrem wilden Wuchs setzt Friedrich den gemessenen Rhythmus des Leichenzuges. Auffällig ist, dass der Sarg gerade nicht zu Grabe getragen wird, sondern unter dem Kreuz hindurch in den nicht näher erkennbaren Hintergrund hinein, dem anbrechenden Tag entgegen. Es ist der Auferstehungsmorgen, dem all jene entgegengehen, die sich im Leben wie im Sterben dem Gekreuzigten anvertraut haben. Die Bibel nennt Christus den »Erstling«: Weil er vom Tod erweckt worden ist, haben wir »die Gewähr dafür, dass auch die übrigen Toten auferstehen werden« (1. Korinther 15, 20.23; Gute Nachricht-Bibel). Die Sichel des zunehmenden Mondes verwendet Friedrich als Symbol für den Gottessohn: Er ist das Licht, das die Nacht des Todes erhellt. Die volle Scheibe zeichnet sich bereits als Verheißung einer helleren Zukunft im ewigen Reich Gottes ab. Im Dunkel der irdischen Welt gibt dieser Mond Orientierung, wie auch die beiden Lichter neben dem Kruzifix.

Selten hat Friedrich deutlicher und beeindruckender seine religiöse Einstellung, seinen Glauben an die Erlösungskraft des Kreuzes und die Auferstehungshoffnung des Christen ins Bild gesetzt als in der »Abtei im Eichwald«.

Öl auf Leinwand, 110,4 x 171 cm; Berlin, Nationalgalerie

Gebirgslandschaft mit Regenbogen, 1810

»Lass nur die Wetter wogen!
Wohl übers dunkle Land
Zieht einen Regenbogen
Barmherzig Gottes Hand.
Auf dieser schönen Brücke
Wenn alles wüst und bleich
Gehn über Not und Glücke
Wir in das Himmelreich.«

Joseph von Eichendorff

Ein einsamer Wanderer blickt, an einen Fels gelehnt, in eine tiefe Schlucht. Die Sohle des Tales ist verborgen, nur Nebel wird unten sichtbar. Es herrscht finstere Nacht. Jenseits des Tales ragt ein dunkler Berg auf – eine Ansicht des Rosenberges in der Sächsischen Schweiz –, über dem ein Regenbogen erstrahlt.

Wie in den meisten Gemälden Caspar David Friedrichs haben wir es in dieser streng symmetrisch aufgebauten Komposition mit keiner »erlebten Landschaft« zu tun, die naturgetreu abgebildet wurde, sondern mit einer symbolischen. Darauf verweist ein besonderes »Naturphänomen«: Wenn es der Mond ist, der im Hintergrund durch die Wolken am Nachthimmel bricht – woher kommt dann das Licht im Vordergrund, das eine von Laubgebüschen flankierte, grasbewachsene Kuppe bestrahlt und dessen Ursprung links vorn außerhalb des Bildes zu suchen wäre? Hinzu kommt: Ein Regenbogen kann nur gesehen werden, wenn sich die Lichtquelle im Rücken des Betrachters befindet. Vermutlich war das Bild zunächst als Nachtlandschaft mit dem Mond hinter Wolken gedacht – der Regenbogen wurde von Friedrich dann später hinzugefügt, um die christliche Bildaussage zu unterstreichen.

Hart am Rand der dunklen Schlucht steht der Wanderer, ein Städter, wie seine Kleidung zeigt. Der jähe Abgrund, in den er hinabsieht, erinnert an das Ende des Lebens, das uns in jeder Minute ereilen kann. Friedrich lässt uns mit diesem Mann in das Tal des Todes blicken, das wir alle durchqueren müssen. Finster und nebelverhangen ist es dort – doch diese Dunkelheit wird erhellt durch das Licht Christi, symbolisiert durch den Mond, das Licht in der Nacht. Es erleuchtet die Wirrnis und Angst des menschlichen Herzens angesichts des Todes, und der Regenbogen verheißt Frieden, Hoffnung und Zukunft für alle, die sich ihrem Erlöser anvertrauen. Der Berg wiederum, der hinter der Schlucht er-

scheint, ist ein Gottessymbol, das Ziel aller Wanderschaft.

Wie im »Mönch am Meer« hat sich Caspar David Friedrich in der Vordergrundfigur selbst dargestellt – sein Gemälde kann deswegen als Bekenntnis aufgefasst werden. Der Wanderer hat seinen Hut zu Boden gelegt – eine Geste der Ehrfurcht angesichts des Todes und der Demut vor dem, der allem Leben sein Ende setzt. Der Fels aber, an den er sich lehnt, meint den Halt, den der Glaube gibt: Durch ihn werden wir fähig, über den Tod hinaus zu hoffen, weil uns die Verheißung ewigen Lebens gegeben ist.

Niemandem von uns bleibt es erspart, in dieses dunkle Tal hinabzusteigen. Das ist kein leichter Gang. Aber es ist nicht das Letzte, sondern die Pforte zum endgültigen Ziel. Das ist die tröstliche Botschaft dieses Bildes: Im Dunkel dieser Welt schenkt Gott uns seinen Frieden, denn er will uns nach Hause bringen.

Öl auf Leinwand, 70 x 102 cm;
Essen, Museum Folkwang

Morgen im Riesengebirge, 1810/11

»Morgenglanz der Ewigkeit,
Licht vom unerschöpften Lichte,
schick uns diese Morgenzeit
deine Strahlen zu Gesichte
und vertreib durch deine Macht
unsre Nacht.«

Christian Knorr von Rosenroth

Im Sommer 1810 unternahm Caspar David Friedrich mit einem Freund, dem Maler Georg Friedrich Kersting, eine Wanderung durch das Riesengebirge. Bald nach der Rückkehr begann er dieses Bild und verwendete dafür Studien, die er während seiner Reise angefertigt hatte.

Eine von keiner Bergspitze überragte Horizontlinie teilt das Gemälde in zwei klar voneinander getrennte Ebenen. Darin ist es den Meeresdarstellungen Friedrichs vergleichbar (z. B. dem »Mönch am Meer«). Die Berge im Mittel- und Hintergrund sind in dichter Folge hintereinander gestuft und wachsen mit dem aus den Tälern aufsteigenden Nebel zu einer fast einfarbigen Fläche zusammen. Die braunen Felsen in der vorderen Bildzone sind wie ein festes Ufer von den wie in Wellen anrollenden Gebirgskämmen geschieden. Ein Absturz ins Bodenlose trennt diesen Vordergrund von den ins Unermessliche entgleitenden Bergzügen. Das Kruzifix, das sich von der steil aufragenden Felskuppe über den Horizont erhebt, überragt die irdische Welt. Der gekreuzigte Christus schwebt geradezu im Licht der links aufgehenden Sonne, zu der er das kompositionelle Gegengewicht bildet. Eine weiß gekleidete Frau hat den Fuß des Kreuzes mit einer Hand umfasst, während sie mit der anderen einem Mann bei den letzten Schritten des steilen Aufstiegs hilft.

Das Kreuz ist der einzige Bildgegenstand, der die Horizontlinie durchbricht und in den Himmel hineinragt – es verbindet das Nahe mit dem Fernen, das Irdische und das Göttliche. So stellt der Maler den Zusammenhang her zwischen dem Opfertod Christi und der aufgehenden Sonne, Sinnbild für die verheißene Auferstehung nach der Nacht des Todes und Symbol der ewigen Macht Gottes. Christus ist wie im »Kreuz im Gebirge« der Mittler zwischen Himmel und Erde. Die nebelverhangenen Täler verweisen auf die Düsternis des menschlichen Lebens, in der wir umherirren, und den Tod, der uns gesetzt ist. Die Berglandschaft des Hintergrundes in ihrer morgendlichen Frische und schier unendlich wirkenden, zarten und hellen Weite hat dagegen geradezu paradiesischen Charakter.

Auch dieses Bild ist ein Bekenntnis: Zeitgenössische Berichte besagen, dass Friedrichs Künstler-Freund Georg Friedrich Kersting die beiden Figuren gemalt habe – und in dem Mann Friedrich selbst dargestellt sei. Die Frau dagegen ist in diesem Zusammenhang wohl keine reale Person, sondern kann als Allegorie des Glaubens verstanden werden: Es ist der Glaube, der uns zu Christus emporzieht und uns teilhaben lässt an seinem Erlösungswerk. Er führt uns aus dem Dunkel ans Licht des Ostermorgens. Am Fuß des Kreuzes können wir über die Täler des Lebens hinausblicken, gewinnen wir eine Ahnung von dem Paradies, das auf uns wartet.

Öl auf Leinwand, 108 x 170 cm; Berlin, Nationalgalerie

Böhmische Landschaft mit dem Milleschauer

»Schließe dein leibliches Auge, damit du mit dem geistigen Auge zuerst siehest dein Bild. Dann fördere zutage, was du im Dunkeln gesehen, dass es zurückwirke auf andere von außen nach innen.«

Caspar David Friedrich

Im Anschluss an seine Wanderung durch das Riesengebirge malte Caspar David Friedrich um 1810 drei böhmische Landschaften, die sich in ihrem Charakter sehr ähnlich sind und alle das gleiche Format besitzen. Zwei davon, die Gemälde in Dresden und Stuttgart, zeigen eine Morgen- bzw. Abendstimmung und gelten als direkte Gegenstücke. Auch diese Landschaften, die ganz die Wiedergabe eines einzigen und einmaligen Natureindrucks zu sein scheinen, setzen sich aus verschiedenen und zu unterschiedlichen Zeiten angefertigten Skizzen zusammen.

Eine friedliche, versöhnte Welt tritt uns vor Augen. Alle Dramatik fehlt, wie sie uns noch im »Mönch am Meer« und der »Abtei im Eichwald« aufgewühlt hat. Ein breiter, oft begangener Weg führt ins Zentrum des Dresdener Gemäldes, wo wir in der Bildmitte ein Haus entdecken, aus dem Rauch aufsteigt. Dieser breite, zweispurige Weg lädt geradezu ein, das Bild zu betreten. Er verschwindet in einer Mulde, macht eine Kehre und ist wieder da, dann sind es zwei Pfade: Der linke führt wieder ins Bild hinein, auf eine Baumgruppe zu, die ein Tor bildet.

Auch wenn auf dem Dresdener Gemälde niemand zu sehen ist, weder als Wanderer auf einem der Pfade noch als Hirte auf einer der Wiesen, so öffnet dieser Weg die Landschaft dennoch sehr weit für den Menschen. Friedrich fordert den Betrachter auf diese Weise auf, sich als Wanderer auf dem Lebensweg zu sehen: Die Morgenstimmung steht für den Aufbruch, das Haus mit dem rauchenden Schornstein verweist auf die Mitte des Lebens, in der der Erwachsene einen Hausstand gründet. Die ruhige, harmonische Landschaft ist Lebensraum und Arbeitsfeld des Menschen.

Im Stuttgarter Bild ist dieser gut zugängliche Weg, der in die Landschaft hineinführt, nicht mehr zu finden. Wir stehen tief in einer Wiese. Das Portal, das die beiden sich einander zuneigenden Bäume in der Bildmitte formen, ist das zentrale Motiv in die-

1810, und Böhmische Landschaft, 1811

ser Landschaft. Es erscheint geradezu wie ein Einlass zu dem Berggipfel in der Ferne. Wie auf vielen anderen Gemälden Friedrichs auch ist der Bildraum deutlich in einen dunklen Vordergrund und einen hellen Hintergrund aufgeteilt. Der Waldsaum vorne mit seinen Disteln und dem dürren, abgestorbenen Ast kann deswegen als Sinnbild der diesseitigen Welt verstanden werden; nicht nur räumlich, sondern auch zeitlich: Der Abend des Lebens ist erreicht. Und wie Wege bei Friedrich als Lebenswege gemeint sind, so sind Portale und Tore immer Hinweise auf die Grenze, die uns Menschen mit dem Tod gesetzt ist – und die es zu durchschreiten gilt.

Diese Grenze wird auch sichtbar durch den dunklen Streifen Wald, der sich von links wie ein Riegel ins Bild schiebt und den Hintergrund geradezu absperrt. Auf diese Weise wird der Milleschauer als hoch aufragender Berg zum Sinnbild Gottes, wie dies später dann z. B. auch im »Watzmann« gestaltet ist. Eine Kirche links in der Ferne auf der Kuppe eines Hügels betont die christliche Symbolik des Hintergrundes nochmals. Die Baum-Barriere kann nur das Auge überwinden – es ist der Glaube, der uns sehen lässt, was hinter der Todeszone liegt. Caspar David Friedrich weiß, dass der Weg jedes Menschen an ein Ende kommt, bei vielen sogar ganz abrupt abreißt. Diese nüchterne, wehmütige Sicht wird aber überstrahlt von der Hoffnung, dass ein helleres Danach im Licht der Liebe Gottes auf uns wartet.

Öl auf Leinwand, 71 x 104 cm; Dresden, Gemäldegalerie

Öl auf Leinwand, 70 x 103 cm; Stuttgart, Staatsgalerie

Winterland

schaft und Winterlandschaft mit Kirche, 1811

»Hinunter ist der Sonne Schein,
die finstre Nacht bricht stark herein;
leucht uns, Herr Christ, du wahres Licht,
lass uns im Finstern tappen nicht.«

Nikolaus Hermann

Bis 1812 entstanden die meisten Gemälde von Caspar David Friedrich als Bilderpaare. Mehrfach sind seine »Gegenstücke« jedoch schon bald voneinander getrennt worden. Schriftliche Zeugnisse und übereinstimmende Bildgrößen machen es aber relativ leicht, zusammengehörige Werke zu erkennen. Ein solches Bilderpaar sind auch die beiden Winterlandschaften in Schwerin und Dortmund.

Auf dem einen Gemälde steht ein auf Krücken gestützter Wanderer inmitten von Baumstümpfen und bizarren, kahlen Eichen. Er schaut in eine endlose Schneewüste hinaus. Der dunkelblaue, völlig verschlossene Himmel bietet keinen einzigen Lichtpunkt. Die Natur ist ohne einen Funken Leben, alles wirkt trostlos, nirgends zeigt sich ein Weg, der begehbar wäre. Verloren und verzweifelt blickt der gebückte, einsame Greis in eine Landschaft, die von Todessymbolen beherrscht wird. Das ganze Bild ist in seiner hoffnungslosen Düsternis Ausdruck für das endgültige und totale Nichts, als das dem Menschen der Tod erscheinen muss, wenn er nicht an eine Auferstehung glaubt. Das Dortmunder Gegenstück gibt nun die christliche Antwort darauf. Auch hier ist die Landschaft schneebedeckt. Bis hierhin ist der Wanderer gekommen. Er hat seine Krücken weggeworfen und sitzt, an einen Fels gelehnt, betend vor einem Kruzifix, das inmitten einer Gruppe junger Tannen aufgerichtet ist. Ein rosig schimmerndes Abendgewölk erhellt im Hintergrund die Umrisse eines fernen gotischen Doms. Es ist kein realer Bau, er taucht vielmehr wie eine Vision aus dem Nebel auf. In dieser Weise hat Friedrich später noch mehrmals gotische Architektur dargestellt, so z. B. in dem Bild »Vision der christlichen Kirche« (1812) oder »Die Kathedrale« (um 1818).

Die gotische Kirche ist ein Sinnbild des Heils. Sie verheißt, dass über die dunkle Stunde unseres Todes hinaus eine himmlische Welt und ewiges Leben auf den warten, der sich Christus anvertraut. Wer im Sterben auf den Gekreuzigten blickt, der wird ihn als Tröster erleben. Um diesen Zusammenhang noch augenfälliger zu machen, hat Friedrich die Umrisse der Tannen und des schemenhaften Kirchenbaus einander angeglichen. Was der Felsblock und die immergrünen Tannen bedeuten, verstehen wir, wenn wir uns an Friedrichs eigene Deutung des »Tetschener Altars« erinnern: Sie sind Symbole des Glaubens und der Hoffnung. Der Glaube an Christus gibt den Halt, den wir alle im Sterben brauchen.

Eine 1987 von der National Gallery in London ersteigerte weitere Version dieses Bildes verstärkt durch zusätzliche Symbole die religiöse Botschaft der Naturdarstellung: Dort sind noch Grashalme zu sehen, die durch die Schneedecke dringen – wie so oft auf den Bildern Friedrichs ein Hinweis auf die Auferstehungshoffnung der Christen; außerdem führt hier ein Torbogen als Sinnbild des Todes in die Tiefe des Hintergrunds.

Öl auf Leinwand, 33 x 46 cm; Schwerin, Staatliches Museum

Öl auf Leinwand, 33 x 45 cm; Dortmund, Museum für Kunst und Kulturgeschichte

Caspar David Friedrich in seinem Atelier, 1812

»Der Maler soll nicht bloß malen,
was er vor sich sieht, sondern auch,
was er in sich sieht.
Sieht er aber nichts in sich,
so unterlasse er auch zu malen,
was er vor sich sieht.«

Caspar David Friedrich

Der Maler Georg Friedrich Kersting (1785–1847) hatte Caspar David Friedrich in Dresden kennen gelernt. Dorthin war er 1808 nach seiner Studienzeit in Kopenhagen übergesiedelt. Aus dem mecklenburgischen Güstrow stammend und damit Friedrichs engerer Landsmann, freundeten sich die beiden bald an. Mehrfach unternahmen sie zusammen Wanderungen; so begleitete Kersting den elf Jahre älteren, von ihm verehrten Künstler im Sommer 1810 durch das Riesengebirge. Als er dieses Bild malte, kannte er Friedrich bereits gut.

Von den etwa zehn gemalten Bildnissen Friedrichs, die bekannt sind, sind die drei, die Kersting angefertigt hat, die eindrucksvollsten. Alle drei zeigen Friedrich in seiner Werkstatt. Auf dem Berliner Bild (die beiden anderen befinden sich in Hamburg und Mannheim) ist Friedrich aufgestanden und hinter den Stuhl zurückgetreten, um das Bild auf der Staffelei, an dem er sitzend gearbeitet hat, aus der Distanz zu betrachten. Es ist für den Betrachter nicht sichtbar – wir wissen nicht, woran Friedrich malt. Das Bild auf der Staffelei ist aber wohl schon so weit gediehen, dass er die Gesamtwirkung kritisch überprüft.

Friedrich stützt sich mit dem rechten Arm auf die Stuhllehne, die Linke hält in typischem Malergriff Palette, ein Bündel Pinsel und den Malstock, an dem man bei der Arbeit der malenden Hand festen Halt geben kann. Auf dem Tisch stehen einige Flaschen mit Verdünnern, Firnis u. a., an der Wand hängen zwei saubere Paletten, ein Lineal und ein Dreieck. Die beiden geometrischen Gerätschaften verweisen auf das komplizierte Arbeitsverfahren Friedrichs, in dem Konstruktion und Komposition eine so große Rolle spielen.

Das Atelier wirkt fast pedantisch aufgeräumt und sauber. Es ist überaus nüchtern eingerichtet und strahlt äußerste Kargheit aus. Die Fenster sind geschlossen – kein Ausblick soll Aufmerksamkeit auf sich ziehen. Die Holzläden, mit denen Friedrich die Fenster seiner Werkstatt im unteren Drittel oder ganz abdecken konnte, begegnen uns übrigens in der »Frau am Fenster« von 1822 wieder. Nur aus dem Himmel fällt Licht in den Raum und auf die Staffelei. Der Maler blickt nach innen – inwendig sieht er sein Bild. Alles, was ihn ablenken könnte, ist weggeräumt.

Das asketische, geradezu nackte Atelier des Malers, fast eine Mönchszelle, ist immer wieder von Besuchern beschrieben worden – der Künstler behielt es in dieser größtmöglichen Leere bis zu seinem Lebensende bei. Kerstings Bild zeigt die Voraussetzungen, unter denen Friedrich seine Werke schuf: Einsamkeit, Meditation, Konzentration. Es zeigt uns, wie überlegt und mit welchem Ernst Friedrich seine Arbeit anging, und wir spüren den hohen Anspruch, den er dabei an sich selbst und an das Entstandene stellte.

Öl auf Leinwand, 51 x 40 cm;
Berlin, Nationalgalerie

Das Kreuz im Walde, 1812

»Bei dir ist die Quelle des Lebens,
und in deinem Lichte
sehen wir das Licht.«

Psalm 36, 10

Caspar David Friedrich hat bis zu seinem Lebensende immer wieder »Kreuzlandschaften« gemalt. Das »Kreuz im Walde« entstand ein Jahr nach dem »Morgen im Riesengebirge«. Bemerkenswert an der Malweise des Bildes, so der Kunstwissenschaftler Helmut Börsch-Supan, ist allerdings »die Diskrepanz zwischen dem fleckigen Vordergrund, der die Grundierung durchscheinen lässt, und den sorgfältig ausgeführten Fichten im Hintergrund«. Er stellt die Hypothese auf, dass Friedrich ein begonnenes und liegen gebliebenes Bild nach seinem Schlaganfall 1835 zu Ende gemalt haben könnte.

Deutlicher als in den meisten anderen Werken Friedrichs verweisen der streng symmetrische Aufbau und die Symbolik des Gemäldes auf seine christliche Botschaft: Das Kreuz ist genau in der Bildmitte aufgerichtet; die Strahlensonne – Sinnbild für Christus – befindet sich im Schnittpunkt der Bildachsen und wird so in jeder Hinsicht zum Zentrum der Darstellung. Die Quelle, die am Fuß des Kreuzes entspringt, symbolisiert die Heilsbotschaft, die Leben spendend in die öde, abweisend und abgestorben wirkende Felsenschlucht hineinströmt. Zwei Bibelworte Jesu werden damit von Friedrich direkt ins Bild umgesetzt: »Ich bin das Licht der Welt; wer mir nachfolgt, der wird nicht wandeln in der Finsternis, sondern wird das Licht des Lebens haben« (Johannes 8, 12) und: »Wer von dem Wasser trinkt, das ich ihm geben werde, wird in Ewigkeit keinen Durst mehr haben. Ich gebe ihm Wasser, das in ihm zu einer Quelle wird, die bis ins ewige Leben weitersprudelt« (Johannes 4, 14; Gute Nachricht-Bibel).

Das Kreuz steht an der Grenze zwischen dem beengten, unwirtlichen Vordergrund, dem irdischen Bereich, und der Fichtenkulisse, die an die Fassade einer gotischen Kathedrale erinnert. Die Wipfel der Fichten im Hintergrund strecken sich wie Fialen empor, den Ziertürmchen an gotischen Bauwerken.

Das Stuttgarter Bild ähnelt nicht nur deswegen stark dem »Kreuz im Gebirge« aus dem Düsseldorfer Kunstmuseum, das ebenfalls 1812 gemalt wurde. Mit der feingliedrigen Fichtenwand des Hintergrundes ist das Jenseits gemeint, zu dem wir durch die Erlösungstat Christi Zugang haben. Deutliches Zeichen hierfür ist der hellgraue Wolkenschleier des Himmels, der in der Mitte ein Lichtkreuz ausspart. Das Heil, das Christus den Menschen durch seinen Tod am Kreuz erwirkt hat, fließt uns, den Betrachtern, als Wasser des Lebens entgegen. Es ist die Rettung für eine Welt, die deutliche Todesspuren trägt. Vom Kreuz her kommt die Rettung, und nur wer sich dem Gekreuzigten als Retter anvertraut, wird zum ewigen Leben im Reich Gottes hindurchdringen.

Öl auf Leinwand, 42 x 32 cm;
Stuttgart, Staatsgalerie

Das Kreuz an der Ostsee, 1815

»Wir sind nicht groß. Unser Glück ist,
dass wir an etwas Größeres und Bessers
glauben können.«

Matthias Claudius

Caspar David Friedrich hat sich nur zu ganz wenigen seiner Gemälde schriftlich geäußert. »Das Kreuz an der Ostsee« gehört zu den Bildern, zu denen wir einige deutende Anmerkungen besitzen. Am 9. Mai 1815 schrieb der Künstler an die Malerin Luise Seidler: »Das Bild, für Ihre Freundin bestimmt, ist bereits angelegt, aber es kommt keine Kirche darauf, kein Baum, keine Pflanze, kein Grashalm. Am nackten steinigten Meeresstrande steht hochaufgerichtet das Kreutz, denen so es sehen, ein Trost, denen so es nicht sehen, ein Kreutz.«

Diese Zeilen spielen auf die religiöse Botschaft von Friedrichs Bild an, die aber nur erfasst, wer zu »sehen« vermag und nicht bloß vordergründig ein Holzkreuz auf einem Felsen wahrnimmt. Es gilt auch hier, der tieferen Bedeutung des Abgebildeten nachzuspüren: Das eigentliche Thema dieses Bildes sind einmal mehr Auferstehungshoffnung und Erlösungsgewissheit des Christen. Friedrich verwendet in diesem Bild – von dem übrigens vier Fassungen existieren – Symbole, die wir von früheren Gemälden schon kennen und die auch später immer wieder auftauchen werden: Die Schiffe, die dem Ufer zulaufen, stehen für die Lebensfahrt des Menschen, die sich dem Ende und damit dem Tod nähert. Sie orientieren sich dabei an dem Kreuz als Zeichen für den Opfertod Christi. Der Felsen, auf dem es steht, versinnbildlicht den Glauben – erinnert sei hier an das »Kreuz im Gebirge« und Friedrichs eigene Interpretation seines Gemäldes. Der Vollmond als Symbol für Christus beleuchtet mit mildem Licht die Szenerie: Er begleitet dieses Schiff auf seiner endgültigen Heimkehr. Die Hoffnung auf Auferstehung wird durch den Anker symbolisiert. Die gleiche Bildaussage findet sich auch auf dem »Abend an der Ostsee« (Schweinfurt, Slg. Georg Schäfer) mit seinem dem Ufer zustrebenden Segelschiff und dem groß gesehenen Anker im Bildvordergrund wieder (um 1826).

»Wir haben Zuflucht dazu genommen, festzuhalten an der angebotenen Hoffnung. Diese haben wir als einen sicheren und festen Anker unserer Seele«, heißt es im Hebräerbrief (Kapitel 6, Vers 18.19). Der »Anker unserer Seele«, das wird im Zusammenhang dieses Bibeltextes deutlich, ist Christus und seine Verheißung ewigen Lebens. Sie gilt all jenen, die ihre Hoffnung im Leben wie im Sterben auf ihn setzen. Christus als der Auferstandene ist uns vorausgegangen – darauf vertrauen Christen, darin besteht das Fundament ihres Glaubens.

Öl auf Leinwand, 45 x 35,5 cm; Berlin, Schloss Charlottenburg

Kreidefelsen auf Rügen, 1818

»Warum, die Frag' ist oft zu mir ergangen,
Wählst du zum Gegenstand der Malerei
So oft den Tod, Vergänglichkeit und Grab?
Um ewig einst zu leben,
Muss man sich oft dem Tod ergeben.«

Caspar David Friedrich

Die Stubbenkammer-Steilküste auf der Ostsee-Insel Rügen mit ihren berühmten Feuerregenfelsen: Schon zu Beginn des 19. Jahrhunderts waren sie eine Sehenswürdigkeit, und damals wie heute faszinieren sie die Reisenden. Zu ihnen gehören auch die drei Personen, die der Maler im Vordergrund abgebildet hat.

Die anmutige Frau links, in Rot gekleidet, deutet in den steilen, zerklüfteten Felsabsturz. Sie steht, wie die beiden anderen Gestalten, auf einem gefährlich schmalen Erdstreifen im Bildvordergrund. Die Grasnarbe senkt sich auf die Mitte zu. Wie an dieser Stelle das Land ins Rutschen geriet, so wird auch der Blick in eine scheinbar bodenlose Tiefe hinabgeführt. Sicheren Stand gibt es hier nicht. Belaubte Zweige umgeben das Haupt der jungen Frau wie ein Rahmen, aber der Strauch hinter ihr, an dem sie sich festhält, ist bereits abgestorben. Alle Lebensfreude, so deutet der Maler an, ist der Vergänglichkeit unterworfen, ist vom Abgrund des Todes bedroht.

In der Mitte des Bildvordergrundes kniet ein Mann. Er hat sich kriechend an den äußersten Rand des Abgrunds vorgewagt und blickt nun wie gebannt senkrecht in die bedrohliche Tiefe, die ihn geradezu hinabzuziehen scheint. Er ist erschrocken, denn er blickt hinab in die Wahrheit des Todes und seiner Angst vor ihr, und er kann sich nicht von ihr lösen ... Unsere Lebenszeit ist begrenzt, sie läuft ab, wird aufgesogen und wir mit ihr vom Strudel des Todes: Liegt nicht das zwischen den Felsen wie eingeschlossen wirkende Meer wie Sand in einer Sanduhr, Symbol der unerbittlich verrinnenden Zeit ... ?

Die dritte Gestalt lehnt, aufrecht stehend, die Arme verschränkt, an einem Baumstumpf und richtet gefasst ihren Blick über den Abgrund in die Ferne – und damit auch in die Zukunft, auf das, was uns nach dem Tode erwartet.

Caspar David Friedrich hat die drei Reisenden als Rückenfiguren wiedergegeben – deswegen fühlen wir uns als Betrachter des Bildes fast als vierte Figur

in die Darstellung einbezogen. Unser Blick folgt dem des Stehenden durch Bäume und Felsen hindurch nach draußen aufs offene Meer. Die beiden Segelschiffe, die in der ruhigen Weite des Meeres dahinziehen, sind, wie auf vielen anderen Gemälden des Christen Caspar David Friedrich, Sinnbilder: Sterben bedeutet, aus dem irdischen Dasein in eine jenseitige Heimat aufzubrechen. Und umgekehrt: Dort, wo der Maler die Einfahrt eines Schiffes in den Hafen abbildet, meint er die Heimkehr des Menschen von der Lebensfahrt und seine Ankunft in der ersehnten Welt Gottes.

Öl auf Leinwand, 90,5 x 71 cm; Winterthur, Stiftung Oskar Reinhart

Auf dem Segler, 1818/19

»Und wenn das wütenvolle Schäumen
ein Ende hat,
so tret ich aus dem Schiff in meine Stadt,
die ist das Himmelreich,
wohin ich mit den Frommen
aus vieler Trübsal werde kommen.«

Johann Sebastian Bach,
Kreuzstab-Kantate

Ein Paar sitzt Hand in Hand im Bug eines Segelschiffes. Die beiden Figuren sind in Rückenansicht und in kleinem Maßstab wiedergegeben, wodurch sich der greifbar nahe hölzerne Mast und die geblähten Segel beinahe dramatisch vergrößern. Friedrich hat die Komposition an allen vier Bildrändern ungewöhnlich beschnitten: Wir sehen dadurch das Boot in einer Weise verkürzt, dass wir als Betrachter den Eindruck gewinnen, selbst an Bord zu sein; die Schräglage des Mastes vermittelt uns zusätzlich das Gefühl, das Auf und Ab der Wellen zu verspüren, der aufgerichtete Bug und die windgefüllten Segel wecken die Empfindung von starker, frischer Brise, die das Schiff vorwärts treibt. Mann und Frau blicken gemeinsam zum Ufer hin, zu einer Stadt, deren Kirchen und Häuser aus nebligem Dunst auftauchen.

Friedrich versammelt auf diesem Gemälde in der ihm eigenen »künstlerischen Freiheit« Türme und Gebäude, die sich in Dresden, Greifswald und Stralsund befinden. Außerdem stellt er auf diesem Bild seine Frau Caroline Bommer dar, die er im Januar 1818 geheiratet hatte. Im Sommer des gleichen Jahres war er mit ihr zu Lande und zu Wasser nach Greifswald und nach Rügen gereist. Doch sein Gemälde vermittelt weit mehr als die Stimmung einer Urlaubsreise. Darauf verweist der erwartungsvolle Blick des Paares auf die sich nähernde Stadt: Diese beiden kehren heim.

Wie so oft nimmt uns Friedrich hinein in seine Gedanken über Diesseits und Jenseits, Zeit und Ewigkeit. Wie das Paar blicken auch wir gespannt hinüber auf die Erscheinung der nicht mehr allzu fernen Stadt, dem Ziel dieser Reise. Sie ist auch hier ein Symbol für die ihrem Ende zutreibende Lebensfahrt – und die im Nebelschimmer auftauchende Hafenstadt lässt sich als Sinnbild und Vision des himmlischen Jerusalem verstehen.

Für Mann und Frau nähert sich das gemeinsam, in großer Verbundenheit geführte Leben seinem

Ende – vereint warten sie darauf, dass sich die Jenseitsverheißung Gottes erfüllt und sie in seinem ewigen Reich ankommen. Sie können keinen Einfluss auf den Kurs nehmen, sind nur noch versunken in die Schau dessen, was vor ihnen liegt. Es ist die Barmherzigkeit und Treue Gottes, die sie zusammen an ihr ersehntes Ziel führt.

Worauf gründet sich die christliche Jenseits- und Auferstehungshoffnung? Allein darauf, dass Gottes Treue über unseren Tod hinausreicht und er deswegen von denen, die er liebt, nicht lassen wird. Ja, unsere Zukunft liegt über den Tod hinaus in den Händen eines liebenden Gottes. Seit Jesus Christus von den Toten auferstanden ist, hat der Tod seinen Schrecken verloren, so sehr wir das Sterben auch fürchten mögen.

Öl auf Leinwand, 71 x 56 cm; St. Petersburg, Eremitage

Wiesen bei Greifswald, 1820/22

»Die Abende gehe ich aus über
Feld und Flur, den blauen Himmel über mir,
um und neben mir grüne Saat,
grüne Bäume, und bin nicht allein;
der, so Himmel und Erde geschaffen hat,
ist um mich, und seine Liebe stützet mich ...«

Caspar David Friedrich

Über einen dunklen Vordergrund und grüne Wiesen blicken wir auf Greifswald. Die Stadt liegt mit ihren bis an die Bildränder links und rechts sich ausbreitenden Bäumen und Häusern gleichsam auf der Horizontlinie. Sie erhebt sich in einem flachen Bogen, auf dessen Rücken ihre Bauten aufragen: Von links nach rechts sind es St. Marien, Dach und Dachreiter des Rathauses, davor das gedrungene Vettentor genau in der Mitte des Bildes, dann St. Nicolai und St. Jacobi. Die Silhouette der Stadt vor dem gelblichen Licht der gesunkenen Sonne teilt das Bild in Himmel und Erde.

Die Türme der Stadt sind nicht erfunden oder verändert, wie es sonst so oft auf Friedrichs Bildern zu beobachten ist (wie z. B. im »Abendstern«), sondern genau und in den Proportionen annähernd realistisch wiedergegeben. Unbeschwert galoppieren und grasen Pferde, springen, keilen aus vor Lebenskraft. Im Teich schwimmen Enten, und auf dem Wiesengrund ruhen sich Möwengruppen aus. Die Landschaft wirkt überaus friedlich und heiter. Es ist eine harmonische, in sich ruhende Welt, in der alles seinen richtigen Platz hat.

Aber die »Wiesen bei Greifswald« sind nur auf den ersten Blick eine luftig-fröhliche Vedute, also eine historisch getreue Stadtansicht. Nur als Porträt oder festgehaltenes Stimmungserlebnis verstanden, bleibt der Sinn des Bildes verborgen. Wie in vielen anderen Gemälden Friedrichs ist hier auch einem verschatteten, betretbaren Vordergrund ein deutlich davon abgesetzter Hintergrund gegenübergestellt. Das ist das Grundmuster fast aller seiner Landschaften: Der dargestellte Bildraum ist in zwei Zonen aufgeteilt, die einen gegensätzlichen Charakter haben – einen begrenzten, in der Vorstellung begehbaren Vordergrund, der oft wie ein Innenraum anmutet, und einen unermesslichen, nur im Schauen erfahrbaren Hintergrund. Diese Raumauf-

teilung wird benutzt, um dem Betrachter nicht nur die Abfolge von Gegenwart und Zukunft, sondern ebenso den Kontrast von Diesseits und Jenseits, Zeit und Ewigkeit fühlbar zu machen.

Greifswald war Caspar David Friedrichs Vaterstadt, es war »seine« Stadt. Er benutzt deswegen das Abbild Greifswalds als Sinnbild für die jenseitige Heimat – wie »heimgehen« ein Sinnbild für das Sterben ist. Als Betrachter sind wir wie ein Wanderer, der das nahe Ziel vor Augen hat und auf die Stadt zugeht. Wir betreten dieses Bild, verlassen den unebenen, dunklen Vordergrund, gehen auf dem besonnten grünen Rasen wie auf einem Teppich unserem Ziel entgegen. Unser Glücksgefühl spiegelt sich in der Freude der herumspringenden Pferde – es ist die Vorfreude. Die Pferde sind den beiden Kirchen St. Nikolai und St. Jacobi zugeordnet. Friedrich verweist damit auf den religiösen Grund dieser Freude. Das einladende, im warmen Licht liegende Greifswald wird so zum Gleichnis für das himmlische Jerusalem.

Öl auf Leinwand, 35 x 48,9 cm; Hamburg, Kunsthalle

Frau am Fenster, 1822

»Komm, o Tod, du Schlafes Bruder,
komm und führe mich nun fort,
löse meines Schiffleins Ruder,
bringe mich an sichern Ort.«

Johannes Franck

Die »Frau am Fenster« ist Caspar David Friedrichs wohl bekannteste Rückenfigur (neben dem »Wanderer über dem Nebelmeer« aus der Hamburger Kunsthalle) und zugleich das einzige Innenraumbild, das er gemalt hat.

Das Motiv ist scheinbar anspruchslos: Eine junge Frau steht an einem Fenster und blickt hinaus. Das karge, dunkle Zimmer mit seinen nackten, undurchdringlich wirkenden Wänden und Fensterlaibungen hat so gar nichts von biedermeierlicher Behaglichkeit an sich. Außer den beiden Flaschen und dem Glas auf dem Tablett enthält es nichts. Die breiten Dielen des Bodens verstärken noch den Eindruck der Leere. Die vertikalen Ecklinien der Wände und die seitliche Rahmenbegrenzung des Bildes verengen diesen Raum so sehr, dass die junge Frau wie eingesperrt wirkt. Trotz des geöffneten Fensters behält die Kammer den Charakter einer Klosterzelle, ja beinahe den eines Gefängnisses.

Aus der Dunkelheit des Zimmers sieht man durch die Fensteröffnung in das helle Draußen, aus dem der Raum alles Licht empfängt: Über dem flirrenden Gelbgrün der frühlingshaften Pappeln am gegenüberliegenden Flussufer breitet sich der unendliche Himmel mit seinen ruhig dahinziehenden Wolken. Die Kammer wird nebensächlich, und wir merken: Die Helle in den Öffnungen macht das eigentliche Bild aus. Wir nehmen sofort teil am Hinausschauen der Frau: Es ist ein Blick aus bedrückender Enge hinaus in die ersehnte Weite und Freiheit.

Damit sind die Gegensätze benannt, die das kleine, nur 44 cm hohe Gemälde bestimmen und auch für den aufmerksamen Betrachter schnell spürbar werden. Den nüchternen, eigentlich trostlosen Innenraum sollen wir als Gleichnis verstehen für unser begrenztes diesseitiges Leben in all seiner Dunkelheit. Wodurch erhält es Licht? Das schmale Fensterkreuz deutet es an: durch Christus. Nur durch den Gekreuzigten hindurch gibt es Aussicht auf ein ewiges Leben, auf Beständigkeit und göttliche Fülle.

Das andere Ufer, zu dem die Frau sehnsuchtsvoll hinüberschaut, wird so zum Sinnbild des Jenseits, die beiden Schiffe sind – wie schon in den »Kreidefelsen auf Rügen« – Symbole für den Menschen, der seine letzte Reise in die Arme Gottes antritt. Darauf deuten auch die Pappeln am jenseitigen Ufer hin: Caspar David Friedrich hat sie immer wieder wegen ihres zum Himmel strebenden Wuchses verwendet, um auf die über den Tod hinausreichende Hoffnung des Christen anzuspielen.

Öl auf Leinwand, 44 x 37 cm; Berlin, Nationalgalerie

Mondaufgang am Meer, 1822

»Gott, ich dank dir, dass ich lebe
Ewig nicht für diese Welt
Stärk mich, dass mein Geist sich hebe
Auf zu deinem Sternenzelt.«

Caspar David Friedrich

Ein atemberaubender Abendhimmel zieht sofort unseren Blick auf sich. Die Vielzahl der Violett-Töne, die durch die Wolken schimmern, faszinieren auch heute noch den Betrachter, und es ergeht uns sogleich wie den drei Gestalten auf dem großen Felsen im Vordergrund: Staunend und schweigend versenken wir uns mit ihnen in das großartige Naturschauspiel, in das Spiel der Farben, die Weite des Meeres und des Himmels. Der Mond breitet seinen goldenen Schimmer über die ruhige See und taucht das Meer in ein beinahe überirdisches Licht.

Es sind keine Fischer oder Bauern, die sich dort auf dem Felsen niedergelassen haben, sondern Städter, erneut Rückenfiguren. Mit ihnen blicken auch wir hinaus auf die mondbeglänzte See und die beiden heimkehrenden Schiffe. Die Ruhe, die das Bild ausstrahlt, hilft uns, innezuhalten und beim geduldigen Betrachten die Bildsprache Caspar David Friedrichs nach und nach zu verstehen. Der Maler verwendet im »Mondaufgang am Meer« wieder Symbole, die uns schon von anderen Gemälden vertraut sind. Überhaupt beschränkt er seine Symbolsprache bewusst auf wenige Gegenstände, die immer wiederkehren und oft nur variiert werden.

Das erste Schiff hat einen Teil der Segel bereits eingeholt, bald wird es im Hafen einlaufen, die Reise ist am Ende. Schiffe sind, wie wir gesehen haben, bei Friedrich stets Sinnbilder für die Lebensfahrt. Die drei Gestalten auf dem Felsen erkennen dies Gleichnis, und sie erkennen neu die Kürze des eigenen Lebens. Doch diese Heimkehr wird erleuchtet durch den Mond, der aus der Wolkenbank emportaucht – das Symbol für Christus. Er ist es, der auch auf der letzten Wegstrecke die Richtung weist und auch in der Todesstunde nahe ist, sein Licht weicht nicht, gerade am Ende nicht. Wer sich auf den verlässt, der von sich sagt, dass er das Licht der Welt ist, wird diesen letzten Weg geborgen und gehalten gehen können.

Christus ist auch gemeint mit dem Felsen, auf dem die Dreiergruppe sitzt. Die Städter befinden sich in dem begehbaren, kargen Bereich der Steinblöcke im Vordergrund, der unser irdisches Leben meint. Christus ist der sichere, feste Halt – auf ihn gestützt, können wir der Todesstunde entgegensehen und entgegengehen. Es ist ein wundervolles Bild des Trostes, das Friedrich hier gemalt hat, keine reale Naturlandschaft, sondern eine von tiefem Glauben durchdrungene, von seinem Grundgedanken und der Fantasie inspirierte Komposition. Es verschweigt nicht, dass wir sterben müssen: Das Gemälde hat eine melancholische Grundstimmung – und bleibt doch voller Hoffnung, weil einer bei uns ist und nicht von uns lässt, auch wenn wir Abschied nehmen müssen von dieser Welt. Ja, wir kehren heim – weil da einer ist, der uns liebend empfängt.

Öl auf Leinwand, 55 x 71 cm; Berlin, Nationalgalerie

Das Eismeer, 1823/24

»Das ist ein Mensch, der die Tragödie der Landschaft entdeckt hat!«

Der französische Bildhauer David D'Angers 1834 bei einem Besuch in Friedrichs Atelier

Vor unseren Augen türmen sich zersplitterte und zerborstene Eisschollen auf, die ein Schiff unter sich begraben haben. Es handelt sich um den »Griper«, der 1819/20 und 1824 an Nordpol-Expeditionen teilgenommen hatte. Friedrich zeigt hier die Natur von ihrer unheimlichen Seite. Bedrückend, fast apokalyptisch wirkt diese völlig leblose Eiswüste auf den ersten Blick – und doch auch grandios in ihrer Zerstörungskraft, als übermächtige Urgewalt, vor der wir Menschen armselig und klein erscheinen. Das macht vor allem die dramatische Aufgipfelung der Eisschollen überdeutlich.

Die Eisblöcke im Vordergrund hat der Maler auffällig zu Stufen geschichtet – ein physikalisch schwer zu erklärendes Phänomen. Sie bilden eine mächtige Treppe, die an eine Tempelruine denken lässt (wie z. B. beim »Junotempel von Agrigent«). An Architektur erinnern auch die scharfkantigen Schollen in der Bildmitte, die fast wie in einer Geste mit ihren Spitzen in den Himmel weisen. Wie so oft bei Friedrich ist auch hier die Form des Dargestellten ein wichtiger Schlüssel, um einer genaueren Deutung des Bildes näher zu kommen.

Friedrichs Bild zeigt das ewige Eis des Nordpols – und ist daher wie seine Hochgebirgslandschaften (z. B. »Der Watzmann« von 1824/25) ein Gleichnis des Göttlichen. In der Mittelachse erscheint an einem strahlend blauen Himmel die Sonne, das uralte Symbol Gottes: Sie geht am Nordpol nicht unter und versinnbildlicht insofern Gottes Unvergänglichkeit. Der entlegene irdische Bereich des Nordpols, an dem der Rhythmus der Tages- und Jahreszeiten ausgesetzt ist, wird zum Gleichnis für das Überirdische. Die Trümmer des Schiffes – von den Eisblöcken fast wie in einem Grab eingeschlossen – , mahnen demgegenüber daran, wie gefährdet, wie hinfällig das menschliche Leben ist. Auch hier ist das Schiff Sinnbild für die Lebensreise. Das Wrack bezeugt nicht nur, dass der Mensch verwundbar und sterblich ist – es soll auch verdeutlichen, dass

er scheitern muss bei dem Versuch, Gott ähnlich zu werden oder ihn auch nur zu ergründen. »Das Eismeer« kann damit als eindringliche Warnung des Malers verstanden werden.

Friedrich hat nicht beabsichtigt, eine tatsächliche Eislandschaft wiederzugeben. Für die Eismassen im Vordergrund rechts benutzte er drei Zeichnungen, die er 1821 bei starkem Frost an der Elbe angefertigt hatte. Wiederum verwendet der Maler also sorgfältige, vor der Natur entstandene Studien für eine weitgehend frei geschaffene, »fantastische« Komposition. Friedrich hat wiederholt intakte Kirchengebäude als Ruinen dargestellt – auf ähnliche Weise nimmt er auch im »Eismeer« eine »Umdeutung« vor, um seine Warnung zu unterstreichen: Der »Griper« war keineswegs verunglückt, sondern hatte vielmehr, wie der Polarforscher Edmund Parry in einem 1821 veröffentlichten Buch beschrieb, alle gefahrvollen Situationen seiner Expedition heil überstanden.

Öl auf Leinwand, 96,7 x 126,9 cm;
Hamburg, Kunsthalle

Der Watzmann, 1824/25

»... was ich schon so oft und vielfältig gesagt, nämlich dass die Kunst nicht eine bloße Geschicklichkeit ist und sein soll, wie selbst viele Maler zu glauben scheinen; sondern so eigentlich und recht eigentlich die Sprache unserer Empfindung, unserer Gemütsstimmung, ja selbst unsere Andacht, unser Gebet sein sollte.«

Caspar David Friedrich

Mit dem »Watzmann« stellt Friedrich – ebenso wie mit dem Hamburger »Eismeer« von 1823/24 – eine Gegend dar, die er selbst nie gesehen hat. Friedrich ist nie im Hochgebirge gewesen. Für den eisbedeckten Gipfel greift er auf ein Aquarell seines Schülers August Heinrich zurück. Außerdem verwendet Friedrich Skizzen, die während einer Harzreise und bei einer Riesengebirgswanderung entstanden sind.

Majestätisch und unzugänglich überragt der Alpengipfel die Gebirgslandschaft. Das Gletschermassiv liegt in hellem Licht und zieht durch sein strahlendes Weiß unseren Blick über die dunklen Zonen des Vordergrundes auf sich. Erhaben und entrückt, ein Bild unvergänglicher Größe, wird der Watzmann zum Symbol der Majestät Gottes. Eine solche Deutung wird auch durch das Format des Bildes unterstrichen: Es ist das größte, das Friedrich verwendet hat, und das nur wenige Male. Das ewige Eis der Gletscher ist ein Gleichnis für die Ewigkeit Gottes – und so ist der Watzmann im 19. Jahrhundert auch vielfach verstanden worden. Wir haben es hier also erneut nicht mit einer vorfindbaren Landschaft zu tun, sondern mit einer symbolischen, in der Friedrich verschiedene Naturstudien (mit ganz unterschiedlichen geologischen Formationen) zusammenfügt, um einen bestimmten Sinngehalt auszudrücken.

Als Betrachter betreten wir den Raum des Bildes über den schmalen Zugang in der Mitte. Zu beiden Seiten öffnen sich Abgründe, das felsige Gelände gleitet nach rechts ab – eine Bewegung, die durch die zwei entwurzelten und abgestürzten Fichten betont wird. Der Vordergrund und das Bergmassiv in der Mitte liegen in tiefem Schatten – unter einem wolkenlos blauen Himmel. Diese Zone bedeutet das irdische Dasein, das immer vom Tode bedroht ist.

Die Felsformation in der Bildmitte (sie geht auf eine bereits 1811 im Harz angefertigte Zeichnung zurück) wirkt wie eine Grenze – man hat ihr den Charakter eines Grabmals zugesprochen. Die Fichten und Kiefern jedoch symbolisieren, wie schon im »Tetschener Altar«, den auf die Auferstehung hoffenden Christen. Ein Hinweis auf die Auferstehung sind auch die Birken mit ihrem frischen Grün und dem Weiß der Stämme, das auf den Gletscher hindeutet.

Friedrichs Bild verweist uns auf das »Doppelgesicht« Gottes, der ja ein durch und durch Menschen liebender Gott ist, den wir »Abba, lieber Vater« nennen dürfen. Aber er ist auch der Unnahbare, der Unverfügbare, der Unbekannte, der völlig Andersartige. Seine Majestät und Heiligkeit leiten uns zur Anbetung, aber sie erschrecken uns auch. Gott kommt uns in Christus ganz nah – und bleibt doch immer auch der, den wir nicht verstehen, nicht fassen, nicht erklären können.

Öl auf Leinwand, 135 x 170 cm;
Berlin, Nationalgalerie

Der Kirchhof, 1825/30

»Dunkelheit decket die Erde
Ungewiss ist aller Wissen doch nur
Es leuchtet im Abend der Himmel
Klarheit strahlt von oben.
Sinnet und grübelt wie ihr auch wollt
Geheimnis bleibt auch ewig der Tod
Aber Glaube und Liebe sieht
Freude und Licht jenseits dem Grabe.«

Caspar David Friedrich

»Tod, Vergänglichkeit und Grab« gehören von Beginn an zum Denken Caspar David Friedrichs und haben sich auch schon früh in seinen Bildern niedergeschlagen. Um 1800 zeichnete er die Klosterruine Eldena mit einem Begräbnis. Auch der »Winter« aus dem Sepia-Jahreszeitenzyklus von 1803 verbindet Ruine und Grab. Erinnert sei auch nochmals an die großformatige Komposition »Abtei im Eichwald« von 1809/10. In den zwanziger Jahren des 19. Jahrhunderts hat der Künstler häufig Friedhöfe dargestellt, jedoch in kleinen, unpathetischen Bildern wie dem »Kirchhofseingang« in Karlsruhe, dem »Friedhof im Schnee« in Leipzig oder wie auf unserem Bild, dem Bremer »Kirchhof«.

Dargestellt ist der Friedhof von Priesnitz, östlich von Dresden. Der befreundete Carl Gustav Carus berichtet in seinen Lebenserinnerungen, dass er und Friedrich 1824 dort gemeinsam Grabkreuze gezeichnet haben. Ein nur karg mit Gras bewachsener dunkler Vordergrund endet an Friedhofstor und -mauer. Die Toröffnung wird durch ein morsches, schief in den Angeln hängendes Gatter verschlossen, das den Blick auf den im Sonnenlicht liegenden Gottesacker mit seinen Grabkreuzen und die Kirche freigibt. Das Grün erscheint hier hell und frühlingshaft frisch.

Friedrich teilt sein Bild auch diesmal in zwei deutlich unterscheidbare Zonen, eine vordere und eine hintere, geschieden durch die Friedhofsmauer, auf deren Krone sich Blumen gegen den freundlich-klaren Himmel abheben. Sie künden nicht nur die nach dem Winter zu neuem Leben erwachende Natur an – als Frühlingsboten sind sie auch Sinnbild für die Auferstehungshoffnung der Christen. Denn wer diese Kirchhofspforte durchschreitet, gelangt vom Dunkel ins Licht. Der Friedhof ist somit nicht vorrangig der unerbittliche Hinweis auf die Todverfallenheit des Menschen. Er steht vielmehr für die Welt, die den gläubigen Menschen nach seinem Sterben erwartet – nämlich die himmlische. Darauf verweisen die wie Pfeile nach oben weisenden Grabkreuze (deren Form auch von den Latten des Gatters aufgenommen wird) und der spitze, zum Himmel aufstrebende Turmhelm.

Der Tod ist das Tor zum Leben – das ist die Botschaft dieses kleinen, auf den ersten Blick so unscheinbaren Bildes. Friedrich bedrängt den Betrachter nicht mit düsterer Vergänglichkeitssymbolik. Der Friedhof ist für ihn eben nicht der Ort, der uns die Schrecken des Todes vor Augen führt – seine Unentrinnbarkeit, seine Endgültigkeit, das abgrundtiefe Nichts, in das er uns zu stürzen scheint. Friedrich lässt den Friedhof als einen geradezu heiteren, hoffnungsfrohen Ort der Erlösung aufscheinen.

Gegen Ende seines Lebens werden Todes- und Begräbnisdarstellungen zu Friedrichs Leitthema. Es sind zumeist Sepia-Zeichnungen und Aquarelle, die entstehen, weil der Künstler nach seinem Schlaganfall 1835 kaum mehr in Öl gemalt hat. Diese Arbeiten machen deutlich, dass sich Friedrich in seinen letzten Lebensjahren noch intensiver als sonst schon mit dem Tod und dem eigenen Sterben auseinander gesetzt hat – wohl ahnend, dass die Spanne seines Lebens sich ihrem Ende zuneigt. Es sind die Bilder eines Mannes, der mit seinem herannahenden Tod auch die Erlösung erwartet, an die er immer geglaubt hat.

Öl auf Leinwand, 31 x 25,2 cm; Bremen, Kunsthalle

Junotempel in Agrigent, um 1830

»Nichts ist Nebensache in einem Bild,
alles gehöret unumgänglich zum Ganzen,
darf also nicht vernachlässigt werden.«

Caspar David Friedrich

Ein für Caspar David Friedrich sehr ungewöhnliches Motiv: Zu sehen sind die Ruinen eines antiken Tempels, Kultstätte für die römische Göttin Juno, erbaut im 6./5. Jahrhundert v. Chr. auf einem Hügelgipfel der Provinz Agrigent, an der Südküste Siziliens gelegen. Standpunkt des Malers bzw. Betrachters ist der etwa 15 Meter entfernte Brandopferaltar, dessen Reste im Vordergrund erscheinen. Im Hintergrund wird der Blick auf das Mittelmeer hinausgeführt.

Friedrich taucht das verfallene Bauwerk in mildes, rötlich-violettes Abendlicht – eine Naturstimmung, wie wir sie von einem romantischen Landschaftsmaler erwarten, dafür ist Friedrich bekannt und bis heute beliebt. Sein Bild wirkt auf den ersten Blick, als habe er lediglich wiedergegeben, was er vielleicht bei einem Besuch auf der Halbinsel gesehen und erlebt hat. Der weit gereiste oder entsprechend bewanderte Betrachter erkennt auf dem Gemälde einfach den berühmten Gegenstand – ein Denkmal, das von der einstigen politischen Größe und kulturellen Blüte einer früheren Epoche kündet. Um 1800 hatte der Klassizismus neu begonnen, die kulturellen Leistungen der Antike wieder zu entdecken und nachzuahmen.

Doch es lohnt sich auch bei dieser Komposition, etwas genauer hinzusehen und sich zu bemühen, die Botschaft unseres »nordischen Malers« zu entschlüsseln. Bei Friedrich hat in der Regel jede Einzelheit, die im Bild erscheint, eine Bedeutung, auch wenn sie nicht sogleich ins Auge springt. Das gilt nicht nur für die abgebildete Natur oder die jeweilige Tages- und Jahreszeit, sondern ebenso für den Zustand von Architektur. Was also sehen wir? Einen verfallenen Tempel in menschenleerer Landschaft, Kult- und Opferstätte einer heidnischen Religion, verwitterte Überreste einer längst erloschenen Vergangenheit. Die karge Vegetation auf der bebauten Anhöhe wirkt kraftlos, mit Mühe hält sich eine einsame Baumgruppe auf dem Hügel.

Die Aussage des Bildes verkehrt sich bei genauerer Betrachtung ins Gegenteil: Alles vom Menschen Gemachte vergeht, und sei es noch so großartig. Nicht Bewunderung für die Baukunst und Kultur der Antike ist die Botschaft – der Junotempel steht vielmehr für eine untergegangene, vom Christentum überwundene Welt. In der hereinbrechenden Dunkelheit geht der Mond auf, das Licht in der Nacht. Er ist ein Symbol für Christus, mit dem ein neues Zeitalter anbricht. Sein Heil strahlt hinein in irdische Vergänglichkeit. Christus allein, darauf soll uns auch das mondbeglänzte Meer im Hintergrund hinweisen, wird ewig bleiben – und jeder, der sich ihm anvertraut.

Öl auf Leinwand, 54 x 72 cm; Dortmund, Museum für Kunst und Kulturgeschichte

Der Abendstern, um 1830/35

»Die Nacht ist vorgedrungen,
der Tag ist nicht mehr fern.
So sei nun Lob gesungen
dem hellen Morgenstern!
Auch wer zur Nacht geweinet,
der stimme froh mit ein.
Der Morgenstern bescheinet
auch deine Angst und Pein.«

Jochen Klepper

Eine Familie kehrt vom abendlichen Spaziergang zurück, es beginnt dunkel zu werden, die Stimmung ist herbstlich. Während Mutter und Tochter eine Hügelkuppe hinaufsteigen, ist der ausgelassene Junge vorausgeeilt und bereits auf dem Scheitel angelangt. Er reißt die Arme hoch und schwenkt fröhlich mit der Rechten seine Mütze, um das erreichte Ziel zu grüßen: Es ist Dresden, von Osten her gesehen. Die Silhouette im Hintergrund zeigt von links die Kreuzkirche, die Frauenkirche, den Schlossturm und die Hofkirche. Der Sonnenuntergang durchglüht den Himmel mit spätabendlich leuchtenden Farben, über der Kuppel der Frauenkirche ist der Abendstern aufgegangen. Die Blickrichtung und die Anordnung der Türme hinter einem Hügelrücken ähneln unverkennbar dem Hamburger Bild »Bruchacker bei Dresden«.

Es ist eine schlichte, überaus ruhige Landschaft, die Friedrich auf diesem Gemälde abbildet, genau beobachtet, wirklichkeitsgetreu wiedergegeben – so wirkt es auf den Betrachter. Und doch meint der Maler mehr mit dieser Rückkehr: Auch hier erinnert Friedrich uns an das Ende, auf das wir alle zugehen. Es ist ein Bild, das ohne Erschrecken vom Tod spricht – denn das Ziel unseres Lebensweges ist die Heimkehr. Besondere Bedeutung kommt dabei dem Abendstern, der Venus, zu: Er kündet den Abend und damit den nahenden Tod an – zugleich ist er aber auch der Morgenstern und so Symbol der Auferstehungshoffnung nach dunkler Todesnacht. In der Offenbarung des Johannes sagt Christus von sich selbst: »Ich bin der helle Morgenstern« (Offenbarung 22, 16); er ist der Garant der biblischen Jenseitsverheißung.

Am linken und rechten Bildrand des Hintergrunds hat der Maler Baumreihen eingefügt, die die Türme Dresdens gleichsam einrahmen – wie in der »Frau am Fenster« sollen wir diese Pappeln als Todessymbole verstehen. In der Silhouette Dresdens sind nur Kirchbauten zu erkennen ein Hinweis darauf, dass der Glaube dem Menschen den Weg weist, wenn die Dunkelheit des Todes anbricht. Die Horizontlinie teilt das Bild in eine irdische und eine himmlische Hälfte – die drei Gestalten und die Kirchen gehören jedoch beiden Bereichen zu. Auch wir wandern auf diese Stadt zu, denn unsere Blickrichtung folgt den drei Gestalten. Dresden – die Stadt, die Friedrich sich 1798 nach seiner Akademiezeit in Kopenhagen zur Heimat wählte und in der er bis zu seinem Tod 1840 lebte – wird so zum Sinnbild der himmlischen Heimat. Eine vergleichbare Bedeutung kommt in seinen Gemälden nur seinem Geburtsort Greifswald und Neubrandenburg zu, aus dem beide Elternteile stammen.

Friedrichs Bild vereint melancholische Todesgewissheit und freudige Erwartung. Es spiegelt damit die Grundstimmung des Malers, der so weit geht, die Sehnsucht nach dem Reich Gottes durch jugendliche Lebenslust auszudrücken. Sterben ist uns allen gesetzt – aber der Tod ist nicht das Letzte, so lautet die versöhnliche, trostvolle Botschaft dieses Bildes.

Öl auf Leinwand, 32,2 x 45 cm, Frankfurt am Main, Freies Deutsches Hochstift

Das große Gehege, 1832

»Und sännest du auch vom Morgen
bis zum Abend, vom Abend hin zur
sinkenden Mitternacht, dennoch würdest
du nicht ersinnen, nicht ergründen
das unerforschliche Jenseits!«

Caspar David Friedrich

»Das große Gehege« entstammt der letzten Schaffensphase des Künstlers – malerisch ist das Bild ein absoluter Höhepunkt im gesamten Werk Caspar David Friedrichs. Die Landschaft, die es zeigt, liegt vor den Toren Dresdens; es handelt sich um das Große Ostra-Gehege, eine von Alleen durchzogene Aue. Der Fluss, der die angrenzenden Wiesen überschwemmt, ist die Elbe. Ein Lastkahn mit aufgesetztem Segel treibt den Strom hinab, ansonsten ist die Landschaft völlig menschenleer.

Wie in einem Hohlspiegel aufgefangen erscheint die Elbauenlandschaft. Wir Betrachter stehen über ihr wie auf einer hohen Brücke, unter uns setzen die überfluteten Wiesen an. Meisterhaft gibt Friedrich eine spätsommerliche Abendstimmung unmittelbar nach dem Sonnenuntergang wieder. Die Farbabstufungen des Himmels, der mehr als die Hälfte der Bildfläche bedeckt, kann man nur einzigartig nennen. Der sich von oben herablassende Widerschein der untergehenden Sonne und das nuancierte Spiel des Abendlichts werden mit erstaunlich großer Genauigkeit dargestellt und machen das Bild zu einem Wunder an farblichem Reichtum. Sie verleihen ihm einen Zauber, dem sich kaum ein Betrachter entziehen kann. Drei Farbklänge herrschen vor: erdiges Grün, das sich in milchiges Oliv auflichtet, das Stahlblau des Wolkenstreifens über dem Horizont und das Gelb des Sonnenlichtes, das sich in wasserhellem Grau zum Zenit hin verliert. Darin schwebt die Sichel des zunehmenden Mondes.

»Das große Gehege« ist außerdem ein Beispiel für eine in Friedrichs Bildern mehrfach wiederkehrende Kompositionsweise, die man »hyperbolisches Schema« genannt hat. Der Horizontlinie ordnen sich von oben und unten flach gebogene Kurven zu (deutlich sichtbar z. B. auch im »Mondaufgang am Meer«). Die Bildgestalt wirkt in der Mitte wie »zusammengeschnürt«: Hier sind sich Erde und Himmel scheinbar am nächsten, von diesem Punkt aus

fächert sich die Wolkenbank nach links und rechts auf, von hier gleiten die Flussböschungen und tote Flussarme nach links und rechts unten aus dem Bild. Gleichzeitig ist eine langsame, unaufhaltsame Bewegung von rechts nach links erkennbar, die die Hyperbelform nach links hin verzerrt.

Friedrichs herrliche Abendstimmung scheint ein sehr realistisch festgehaltener Augenblick zu sein – ein Erlebnis, das vorübergeht, wie der Lastkahn, der langsam an uns vorüberzieht. Diese Meisterleistung malerischer Schönheit ist aber nicht um ihrer selbst willen oder als Erweis künstlerischer Virtuosität geschaffen worden, sondern als Sinnbild christlichen Sterbens. Der zu Ende gehende Tag meint bei Friedrich stets auch den Abend des Lebens. In unserem Bild drängt von unten schon die Nacht heran. Der breite Strom der Elbe läuft in ein seichtes Gewässer aus, das sich in mehrere Rinnsale zerteilt. Der Elbkahn, der von rechts nach links in vollkommener Stille durch das Bild schwimmt – beinahe wie ein Totenschiff – , wird hier unweigerlich auf Grund laufen. Er ist Symbol für die Lebensreise des Menschen, die an ihr Ende kommt.

Unwillkürlich empfinden wir als Betrachter dieses Schiff als Sinnbild des eigenen Schicksals. Doch dieser farblich so wundervoll gestaltete Himmel, der sich in den Wasserlachen und dem schlammigen Boden der Uferlandschaft spiegelt, verkündet Harmonie und Versöhnung. Denn in der hereinbrechenden Nacht des Todes tröstet uns die Nähe Christi. Wie so oft in Friedrichs Gemälden ist die Mondsichel Zeichen für die Gegenwart des Gottessohns, der uns auf dieser letzten Wegstrecke nicht allein lässt. Auf alle, die zu ihm gehören, wartet ewiges Leben in seinem himmlischen Reich.

Öl auf Leinwand, 73,5 x 102,5 cm; Dresden, Gemäldegalerie

Von Caspar David Friedrich gibt es ein Skizzenblatt:
Eine Tanne.
Dünne Bleistiftstriche, treu, aber wiederum nichts so Besonderes.
Eine Tanne eben.
Die ungleich langen, struppig gestockten,
weit ausschleppenden Zweige, wer kennt sie nicht.
Die saftigen Nadeln,
insgesamt hunderttausende, werden schon ihr Gewicht haben;
daher diese Schleppen, die Schwerlast.

In der Ecke des Blattes ein Bleistiftvermerk: ›5 1/2 Stunden‹.
Kein Zeichner, der sein Leben lang
solches Notieren in Skizzenbücher geübt hat und die Sache gewohnt ist,
kann fünfeinhalb Stunden zu so einem handgroßen Blatt brauchen.
So kann der Vermerk nicht gemeint sein.
Fünfeinhalb Stunden,
eine Menge Zeit, um sie vor einem Baum zu verbringen;
also von acht Uhr am Morgen bis mittags halb zwei,
oder von zwei Uhr am Mittag bis abends halb acht Uhr.
Wie soll da ein Lebenswerk fertig werden?
Drängt denn die Zeit nicht?
Aber was kann der Vermerk sonst bedeuten?
Welche Regung, ihn anzubringen, hat ihn veranlasst?

Nur, dass dieser Zeichner so lange Zeit vor dem Baum,
vor dem Ding harrte, wartete, hoffte.
Hoffte?
Doch offenbar, dass der Baum sich stärker zeige
als er.

Erhart Kästner

Literaturverzeichnis

Becker, Ingeborg: Caspar David Friedrich. Leben und Werk. Stuttgart/Zürich 1983

Börsch-Supan, Helmut: Die Bildgestaltung bei Caspar David Friedrich. München 1960

Börsch-Supan, Helmut: Bemerkungen zu Caspar David Friedrichs »Mönch am Meer«. In: Zeitschrift des Deutschen Vereins für Kunstwissenschaft 19 (1965), S. 63–76

Börsch-Supan, Helmut: Caspar David Friedrichs Gemälde »Der Junotempel von Agrigent«. Zur Bedeutung der italienischen und der nordischen Landschaft bei Friedrich. In: Münchner Jahrbuch der bildenden Kunst 12 (1971), S. 205–216

Börsch-Supan, Helmut: Zur Deutung der Kunst Caspar David Friedrichs. In: Münchner Jahrbuch der bildenden Kunst 27 (1986), S. 199–224

Börsch-Supan, Helmut: Caspar David Friedrich. München [4]1987

Börsch-Supan, Helmut/Jähnig, Karl Wilhelm: Caspar David Friedrich. Gemälde, Druckgraphik und bildmäßige Zeichnungen. München 1973 (Werkverzeichnis)

Caspar David Friedrich. Das gesamte graphische Werk. Nachwort von Hans H. Hofstätter. München 1974

Caspar David Friedrich 1774–1840. Hamburger Kunsthalle 1974. München 1974 (Ausstellungskatalog)

Eimer, Gerhard: Caspar David Friedrich. Auge und Landschaft. Frankfurt a.M. 1974 (insel-taschenbuch 62)

Eimer, Gerhard: Zur Dialektik des Glaubens bei Caspar David Friedrich. Frankfurt a.M. 1982

Einem, Herbert von: Deutsche Malerei des Klassizismus und der Romantik. 1760 bis 1840. München 1978

Fiege, Gertrud: Caspar David Friedrich in Selbstzeugnissen und Bilddokumenten. Reinbek 1977 (rowohlts monographien 252)

Földényi, Lászlo F.: Caspar David Friedrich. Die Nachtseite der Malerei. München 1993

Geismeier, Willi: Caspar David Friedrich. Wien/München 1973

Hinz, Sigrid: Caspar David Friedrich in Briefen und Bekenntnissen. München 1968

Hoch, Karl Ludwig: Caspar David Friedrich. Unbekannte Dokumente seines Lebens. Dresden 1985

Hofmann, Werner: Caspar David Friedrich. Naturwirklichkeit und Kunstwahrheit. München 2000.

Hofmann, Werner: Caspar David Friedrichs »Tetschener Altar« und die Tradition der protestantischen Frömmigkeit. In: IDEA 1, Jahrbuch der Hamburger Kunsthalle (1982), S. 135–162

Jaffin, David: Die geheimnisvolle Gegenwart Gottes. Bildmeditationen zu Gemälden von Caspar David Friedrich. Lahr 1990.

Kellein, Thomas: Caspar David Friedrich. Der künstlerische Weg. München 1998

Koerner, Joseph L.: Caspar David Friedrich. Landschaft und Subjekt. München 1998

Jensen, Jens Christian: Caspar David Friedrich. Leben und Werk. Köln 1974 (dumont kunsttaschenbuch 14)

Jensen, Jens Christian: Malerei der Romantik in Deutschland. Köln 1985

Platte, Erika: Caspar David Friedrich. Religiöse Landschaft. Bielefeld 1975

Rewald, Sabine (Hrsg.): Caspar David Friedrich. Gemälde und Zeichnungen aus der UdSSR. München 1991

Russo, Raffaella: Caspar David Friedrich. Köln 1999

Sala, Charles: Caspar David Friedrich und der Geist der Romantik. Paris 1993

Schmied, Wieland: Caspar David Friedrich. Köln 1975

Schmied, Wieland: Caspar David Friedrich. Zyklus, Zeit und Ewigkeit. München 1999

Sumowski, Werner: Caspar David Friedrich-Studien. Wiesbaden 1970

Bildnachweis

Das Kreuz im Gebirge: AKG
Mönch am Meer: AKG
Abtei im Eichwald: Artothek
Gebirgslandschaft mit Regenbogen: AKG
Morgen im Riesengebirge: Artothek
Böhmische Landschaft mit dem Milleschauer: Artothek
Böhmische Landschaft: Artothek
Winterlandschaft: Artothek
Winterlandschaft mit Kirche: Artothek
Georg Friedrich Kersting, Caspar David Friedrich in seinem Atelier: AKG
Das Kreuz im Walde: Staatsgalerie Stuttgart
Das Kreuz an der Ostsee: Artothek
Kreidefelsen auf Rügen: Artothek
Auf dem Segler: Artothek
Wiesen bei Greifswald: Artothek
Frau am Fenster: Artothek
Mondaufgang am Meer: Artothek
Das Eismeer: Artothek
Der Watzmann: Artothek
Der Kirchhof: Kunsthalle Bremen
Junotempel in Agrigent: Artothek
Der Abendstern: Artothek
Das große Gehege: Artothek

Fußnoten

[1] Im Folgenden verwende ich die Begriffe Allegorie, Gleichnis, Symbol, Sinnbild und Zeichen in der gleichen Bedeutung: Etwas steht für etwas anderes, verweist auf etwas anderes.

[2] Martin Luthers Werke, Kritische Gesamtausgabe, 36. Band, Weimar 1909, S. 643, Zeile 25 – 35

[3] Aus einem Brief an den Weimarer Professor Johannes Karl Hartwig Schulze vom 8. Februar 1809, gekürzt abgedruckt im Journal des Luxus und der Moden, April 1809

hänssler

Weitere Bände aus dieser Reihe:

Friedrich-August von Metzsch

In Bildern Gott begegnen

Die vier Symbole der Christenheit
Gb., 20 x 25 cm, 120 S., durchg. farbige u. s/w-Fotos
Nr. 393.428, ISBN 3-7751-3428-X

Symbole sprechen eine eigene Sprache, die von vielen ohne Worte verstanden wird. Auch im christlichen Glauben gibt es Symbole, die seit zwei Jahrtausenden in allen Konfessionen und Gemeinden nichts von ihrer Bedeutung und Aussage verloren haben.

- Das *Lamm Gottes* als Symbol für die Liebe Gottes, die Jesus Mensch werden und sterben ließ, um die Menschen zu erlösen.
- Das *Kreuz* als Zeichen für den Gehorsam des Sohnes, die Überwindung des Todes und die Verheißung der Auferstehung.
- Das *Christogramm* als Symbol für die Macht Christi.
- Der *Fisch* als Zeichen für eine lebendige christliche Gemeinde.

Die kurzgefassten, informativen Texte geben viele Hinweise zum Verständnis der Bildsymbole, die für den christlichen Glauben wichtig sind.

Friedrich-August von Metzsch

Menschen helfen Menschen

Der barmherzige Samariter als Leitbild und in der Kunst
Gb., 20 x 25 cm, 120 S., durchg. farbig
Nr. 393.040, ISBN 3-7751-3040-3

Diese einmalige Zusammenstellung von Werken der Bildenden Kunst zum Thema des barmherzigen Samariters eröffnet, zusammen mit einem lebensnahen, anschaulichen Text, einen ganz neuen Blick auf die Bedeutung dieses biblischen Gleichnisses für das Leben jedes Einzelnen. Künstler wie Rembrandt und Vincent van Gogh haben zu diesem Thema eindrucksvolle Bilder geschaffen. Ein faszinierendes Buch, nicht nur für Kunstliebhaber …

Bitte fragen Sie in Ihrer Buchhandlung nach diesen Büchern!
Oder schreiben Sie an den Hänssler Verlag, D-71087 Holzgerlingen.